自閉症スペクトラムなど発達障害がある人とのコミュニケーションのための10のコツ

坂井 聡
Sakai Satoshi

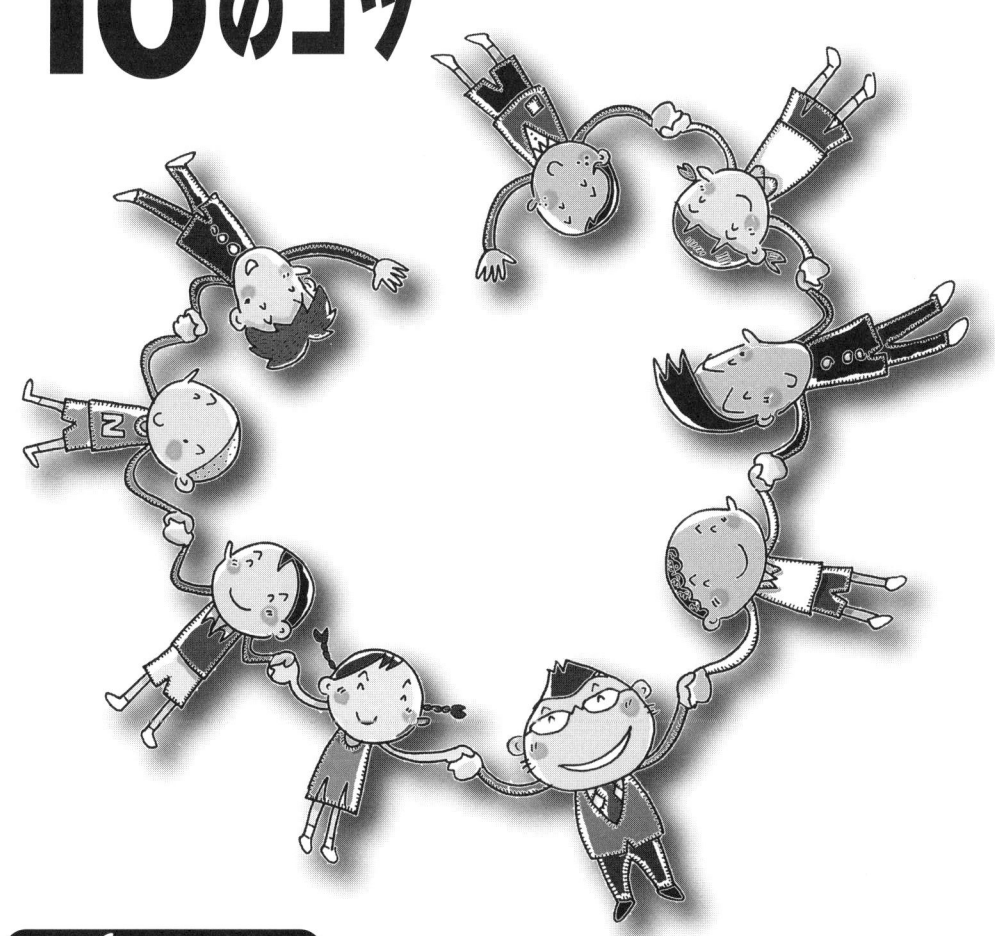

エンパワメント研究所

はじめに

　人と人がやりとりをするうえで、「聞くこと」「話すこと」「見ること」は非常に重要なことです。人に話したり、人の話を聞いたり、その様子を見たりすることで人と人のやりとりは成立します。このやりとりを、私たちはコミュニケーションと言っているのです。コミュニケーションとは、やりとりが成り立っている現象を指すということです。そして、そこでのやりとりは、多くの場合、音声表出言語によって行われています。私たちが情報をやりとりするための主たる手段は、音声表出言語によるものだということです。

　もちろん、音声表出言語以外にも情報伝達のために使っている手段もあります。表情やしぐさ、ジェスチャーなどもやりとりするうえでは重要な働きをしています。とはいうものの、やはり、音声表出言語が最も重要な情報伝達手段であることは誰もが認めるところです。

　知的障害のある人のなかには、音声表出でのコミュニケーションができない人がいます。また、自閉症スペクトラムなど発達障害のある子どもはコミュニケーションの発達に偏りがあるため、コミュニケーションすることが苦手です。知的な能力が高い人の場合でも自閉症スペクトラムなど発達障害のある子どもは、コミュニケーションすることは苦手としているのです。うまくやりとりをすることができず困っているということなのです。

コミュニケーションが苦手であるということは、その人だけの問題にとどまりません。「あの人は場をわきまえずにものを言う困った人だ」「あの人はすぐに人を傷つける困った人だ」あるいは、「あの子は何を言ってもわからない子だ」というような評価を受けることにつながってしまうからです。コミュニケーションすることが苦手な人に対するこれらの評価は、適切な評価とはいえません。その人のことを理解していない周囲の誤解が生んでいる評価だからです。

　このように、コミュニケーションはその人の評価も大きく左右するものなのですが、そもそもコミュニケーションとはどのようなものなのでしょうか。「コミュニケーションとはどのようなことを意味しているのですか？　説明してください」と言われても、うまく説明することができない人も多いでしょう。本書では、コミュニケーションについて考えながら、自閉症スペクトラムなど発達障害のある子どもが困っていることを明らかにし、その解決方法についても考えていきます。

　本書の構成は、コミュニケーションが成立するために必要な構成要素と、そのときにコミュニケーションが苦手な人によく見られること、そして事例、対応策というような流れになっています。どこから読んでも、解決のヒントを見つけられるようにしていますので、関心のあるところから読み進めていってください。

坂井　聡

もくじ

はじめに 3
プロローグ　こんなエピソードが 8

第1章　コミュニケーションとは

　1節　コミュニケーションを3つの視点から考える 13
　2節　コミュニケーションの基本原理 15
　3節　コミュニケーションを成立させるために必要なもの ... 18

第2章　コミュニケーションを成立させるために

【メッセージの送受信】

送り手と受け手 22
　発達障害がある子どもが抱える困難さ／必要な支援と指導／
　同じ話題ばかりのタロウさん

符号化と符号解読 34
　発達障害がある子どもが抱える困難さ（符号化）／必要な支援と指導（符号化）／「抱っこして」／発達障害がある子どもが抱える困難さ（符号解読）／必要な支援と指導（符号解読）／「気にしてないよ」

メッセージ 54
　発達障害がある子どもが抱える困難さ／必要な支援と指導／
　直接行動で表現している

【コミュニケーション手段とルール】

チャンネル 64
　発達障害がある子どもが抱える困難さ／必要な支援と指導／メールで相談

コンピテンスとパフォーマンス 76

発達障害がある子どもが抱える困難さ／必要な支援と指導／
　　あいさつができないケイゴさん

ノイズ 86
　　発達障害がある子どもが抱える困難さ／必要な支援と指導／
　　「小さな声でお願いします」

【コミュニケーションの評価と文脈】

フィードバック 98
　　発達障害がある子どもが抱える困難さ／必要な支援と指導／
　　日記の最後は「楽しかったです」

コンテキスト 108
　　発達障害がある子どもが抱える困難さ／必要な支援と指導／
　　「手順表があれば大丈夫」

経験の場 116
　　発達障害がある子どもが抱える困難さ／必要な支援と指導／
　　「うそはついていません」

第3章　コミュニケーションのコツ　　　　　押さえておきたい10の視点

①知っていても言わないほうがいいという場合が
　あることを伝える 128
　　エピソード　正直に言いなさい。嘘はいけません
②その表現やことばが意味していることを
　理解できるように伝える 131
　　エピソード　目を見て話しなさい

③納得して終わることができるように工夫をする 134
　　エピソード　いつまで反省すればいいの？
④具体的に伝える 137
　　エピソード　起きなさい
⑤どのタイミングで伝えたらいいのか
　理解できるように伝える 140
　　エピソード　今から友だち連れて帰るからね
⑥思い込んでいることに気がつけるように伝える 143
　　エピソード　お世辞は嫌いなので
⑦子ども一人ひとりに合わせた対応をする 146
　　エピソード　諸説あります
⑧経験する機会を増やす 149
　　エピソード　服を合わせなさいよ
⑨忘れてもいいということを伝える 152
　　エピソード　甘いものを食べた後は
⑩納得できる伝え方になるよう工夫する 155
　　エピソード　引退式

第4章　もっとコミュニケーション

　1節　指導者として、大人として 160
　2節　コミュニケーションの練習をする際の配慮点 161
　3節　子どもが何を伝えたいのか？ 163
　4節　もし同じことで悩んでいるとしたら 164

あとがきにかえて 166

プロローグ
こんなエピソードが

　以前、こんなエピソードがありました。
　数年前に妹のＧパンを隠したことがある自閉症スペクトラムのある兄カズくんとの会話です。そのとき、大騒動になったということなのですが……。

私　　　　　「カズくん、昔、妹のＧパンを隠したことがあったよね」
カズくん　　「19○○年、○月○日だね」
(すごい！　日にちまで覚えている……)
私　　　　　「ねえねえ、カズくん、どうして、妹のＧパンを隠したりしたの？」
カズくん　　「それはね、ことばを知らんかったからなんや」
私　　　　　「ことばを知らんかったん？」
カズくん　　「うん」
私　　　　　「なんていうことばを知らんかったん？」
カズくん　　「うらやましいということば」
私　　　　　「へー、うらやましいということばを知らんかったから、Ｇパン隠したん？」
カズくん　　「そう」
カズくん　　「だからもう隠したりしないよ」
私　　　　　「どうして、もうしないの」
カズくん　　「なぜかっていったらねー、もう、うらやましいとい

　　　　　　　うことばを覚えたから」
私　　　　「へー」
私　　　　「うらやましいということば覚えたらしないの？」
カズくん　「うん。もう隠す必要がないもん」
カズくん　「今日、学校で〇〇くんがあばれとったんや」
私　　　　「それで」
カズくん　「先生に静かにしなさいって怒られとった」
カズくん　「たぶん言いたいことばが見つからんかったからあばれとったんで」
私　　　　「ふーん。なんて言いたかったんかな」
カズくん　「それは、〇〇くんじゃないからわからん」

　このエピソードからわかることは、ことばの意味を知るということは、とても大切なことだということと、そのことばの意味を知らなかったら、自分の思いを適切に表現できないために、問題行動としてあらわれてしまうことがあるということです。
　子どもを理解して関わろうとする際に重要なことは、その行動から、その人が何を言いたかったのかを考え、そこから意図を読み取ろうと試みることです。上述のカズくんの場合にも言えることですが、周囲にいる人を困らせようと思ってそのような行動をしているのではないのです。妹を困らせてしまおうと考えてＧパンを隠したのではなく、「うらやましい」ということばを知らなかったから、Ｇパンを隠すという行動で表現したのです。つまり、ことばで表現できないので、行動で示したと

ころ、その行動は周囲の人に理解され難い、受け入れられないような行動だったということです。

　もう一度繰り返します。子どもの行動には必ず何か意味があるのです。それは、どんな行動にも見つけることができます。前述のような、問題行動と呼ばれる行動についてもいえることなのです。問題行動というのは、周囲の人たちに受け入れられないような行動のことを指すのですが、そのような行動にも、必ず何か意味があるということなのです。そして、そこには、子どもからの何らかのメッセージが隠されているということです。

　このように行動をとらえるならば、その人がしている行動の背景に「吹き出し」が見えるようになれば、問題の一部は解決していくと考えられます。なぜならば、そのときにどのように表現すれば受け入れられることができたのかを提案することができるからです。その「吹き出し」が本書で展開する「10のコツ」です。コミュニケーションすることにつまずいている子どもたちはそれによって、困難さを少しは軽減できるはずです。

第1章

コミュニケーションとは

現代社会において、「コミュニケーション」ということばはとても大切なキーワードです。頻繁に登場するコミュニケーションということばですが、そもそもコミュニケーションするとはどのようなことなのでしょうか。わかっているようでわかっていないのではありませんか。
この章では、コミュニケーションとはどういうことを指すのか、そこから考えていくことにします。

本書でも冒頭から、コミュニケーションということばが使われています。このコミュニケーションということばは、よく使われることばなのですが、「それは何？」とあらためて問われても明確に答えることができる人は、そう多くはいないのではないでしょうか。専門用語なのか、日常用語なのかもよくわかりません。実はコミュニケーションということばの意味には、多くの側面が含まれており、その幅はとても広いのです。

　過去に、論文等で使われたコミュニケーションということばが、どのような意味で使われているのかを分類した人がいます。その人によると、コミュニケーションの概念は15にも分けられたのだそうです。研究をしている人たちの間でさえも統一されていないのです。それほど、このコミュニケーションということばは多様な意味に使われているということです。「コミュニケーションとは何ですか？」と問われて、すぐに答えることができないのもうなずけます。

　とはいっても、本書ではコミュニケーションを取り上げます。コミュニケーションということばがどのような意味をもつのか、整理してから話を進めないと焦点が定まらなくなってしまいます。そこで、本書では、コミュニケーションを次の3つの過程であるととらえて話を進めていくことにします。

1節 コミュニケーションを3つの視点から考える

　ここでは、コミュニケーションを次のような視点でとらえることにします。1つ目は、コミュニケーションとは相互作用する過程であるという視点です。2つ目はコミュニケーションとは、意味を伝達する過程であるという視点です。3つ目はコミュニケーションとは影響を与える過程であるという視点です。
　相互作用する過程をコミュニケーションととらえる場合は、当事者同士がお互いに働きかけ、反応するという相互作用をコミュニケーションとしてとらえるというものです。コミュニケーションすることを通して、お互いの理解とお互いの関係ができあがると考えます。
　たとえば、相手を理解しようとするプロセスや、自分を理解してもらおうというプロセスなどが考えられます。このように相互のやりとりを通して、関係ができあがっていく過程そのものもコミュニケーションというように考えることができます。
　2つ目の、意味を伝達する過程をコミュニケーションととらえる場合は、一方から他方に意味を伝達する過程をコミュニケーションととらえるというものです。コミュニケーションすることによって意味を共有できると考えます。
　この場合は、共通のシンボルなどが必要になります。共通の言語など、双方が理解できるシンボルがないとやりとりが成立

しないからです。また、電話やメールなどやりとりに使う手段で発信する場合もコミュニケーションというように考えることができます。

　3つ目の、影響を与える過程をコミュニケーションととらえる場合は、一方が他方に対して影響を及ぼす過程がコミュニケーションであるというように考えるものです。コミュニケーションを通して、他者に影響を与えることができるという考え方です。

　この場合は、発信したことが、他者の行動に影響を与えることが前提になります。また、発信する側は、相手の行動に影響を与えようという意図をもって発信するということになります。

　本書では、この3つの視点をコミュニケーションと考えて話を進めていくことにします。

2節 コミュニケーションの基本原理

　コミュニケーションに一般的に認められている基本原理は次の6点に整理されています。これらをみると、コミュニケーションがどのようなものなのかを少し理解することができます。では、その6点を簡単に紹介してみましょう。

1 コミュニケーションは、いくつかの要素で成り立っている

　コミュニケーションを細かく見てみると、送り手、受け手、メッセージ、チャンネルなどの要素に分解することができます。つまり、これらの構成要素によって、相互に行っているやりとりの過程を説明できるということです。たとえば、あなたが送り手で、私が受け手、そして、そこでやりとりされるのがメッセージというようにあらわすことができるということです。コミュニケーションを構成要素に分けて考えると、やりとりが成立しない原因も考えやすくなります。コミュニケーションを構成するどの要素に課題があるのかを知ることができるからです。

2 コミュニケーションは意識してするものもあれば、無意識のうちにしていることもある

　コミュニケーションはこの両方で成り立っています。たとえば、私たちは表情や身ぶりから、相手の気持などを想像することができます。つまりメッセージが送られてきているということです。このように、無意識に行っている表情などでこちらの意思が相手に伝わっているということからも、無意識のうちに行われている非言語的な行動が、相手に影響を与えているということです。

3 コミュニケーションは一方通行

　コミュニケーションは双方向だと考えている人は、どういうことだろうと思われるでしょう。これは、いったん発信されて、相手に受け取られたメッセージは元に戻すことができないということをあらわしています。一度発信したメッセージを訂正しようと試みたとしても、それは、新しいメッセージを伝えるということであり、それによって先に発信したメッセージが消えてしまうことはないということです。

4 コミュニケーションは常に動いている

　コミュニケーションしていると話題が少しずつ変わっていったり、「ところで」ということばで、話題が大きく変わったりすることがあります。常に動いているということです。

5 コミュニケーションは、組織的なものである

　コミュニケーションには先に述べたようなさまざまな要素や、TPOなどの条件によって影響を受けています。そして、それらの要素が機能的に絡み合っているのです。そして、その全体がコミュニケーションということです。

6 コミュニケーションは、その状況や相手などに合わせようとする

　私たちは、やりとりする相手によって内容を変えたり、ことば遣いを変えたりすることがよくあります。状況に応じて、それに適応しようと形を変えて流れるのがコミュニケーションだということです。

　このような基本原理がコミュニケーションにはあります。この基本原理に基づいて私たちはコミュニケーションしているということなのです。コミュニケーションがうまく成立しない状況では、これらの基本原理のいずれか、または複数が機能していないということになります。ですから、この原理を考えながらコミュニケーションを考えていくことはとても大切なことだといえます。

3節 コミュニケーションを成立させるために必要なもの

　コミュニケーションを成立させるためには、何が必要なのでしょうか。別の言い方をすると、どのような要素がうまく機能すれば、コミュニケーションは成立するのでしょうか。これらがわかると、コミュニケーションが成立しない場合、その原因を推測することができます。そして、どのような点に配慮して、コミュニケーションすればよいのか、またコミュニケーションの指導をすればよいのかがわかってきます。障害の有無には関係ありません。こちらの意図通りにうまく話が通じず、コミュニケーションが成立しないときは、コミュニケーションに障害が生じているということなのです。つまりコミュニケーションの要素のいずれかに問題が生じていると考えられるのです。
　コミュニケーションに障害が生じることをディスコミュニケーションと呼びます。ディスコミュニケーションの状態は誰にとっても共通のものです。つまり、何らかの状態が原因でコミュニケーションに障害のある人は、誰でもディスコミュニケーションになるのです。たとえば、周囲の騒音がひどくてうまくコミュニケーションとることができない場合、そこには、状態としてのコミュニケーション障害が生じることになります。また、扁桃腺が腫れて、声を出すことができず、相手とうまくコミュニケーションができないような場合、そこには状態

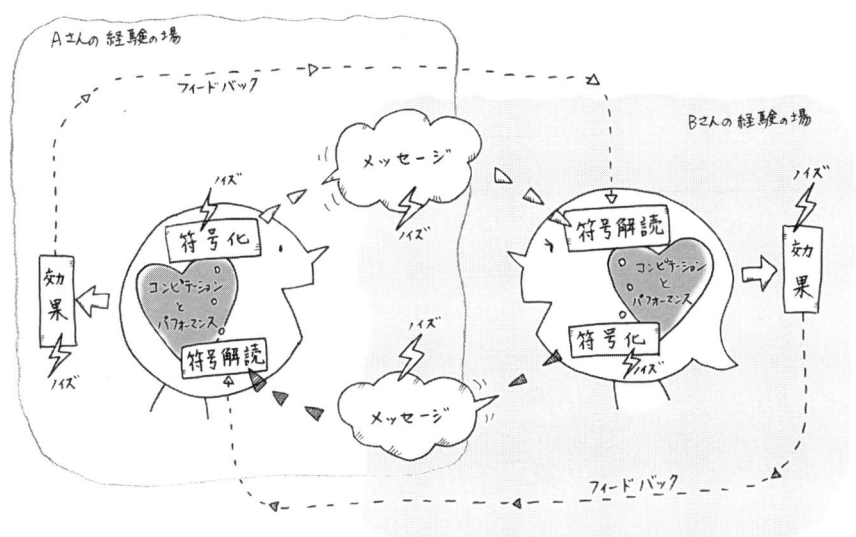

【図1】コミュニケーションのプロセス

としてのコミュニケーション障害が生じているというように考えられるのです。このように状態としてのコミュニケーション障害は外的な要因でも生じますし、内的な要因でも生じます。

では、どういったことが、コミュニケーションが成立しない状態をつくり出すのでしょうか。ここでは、コミュニケーションが成立するためには何が必要なのかを考えることで、コミュニケーションが成立しないという状態に陥らないための方法を考えてみることにします。

自閉症スペクトラムなどの発達障害があるために、うまくコミュニケーションすることができなかったりする子どもに対しては、コミュニケーションを成立させるための工夫を考えるこ

とは特に重要になります。状態としてのコミュニケーション障害を軽減するためには、その状態に応じた工夫が必要だからです。コミュニケーションを成立させるための特別な支援を考え、コミュニケーションができないまま何となくやりとりをするのではなく、コミュニケーションがうまく成立するための配慮点を考えることが大切なのです。

　人と人とがコミュニケーションするためのプロセスを図にしたものが前ページの【図1】です。本書では、この図に示されていることに説明を加えながら、人と人とのコミュニケーションについて整理し、自閉症スペクトラムなど発達障害があるために、コミュニケーションが成立しない状態になっている子どもに対する、コミュニケーションの支援方法について考えていくことにします。

　そして、支援方法を考える際に、子どもが困っていることに視点をあてて考えていくことにします。どのようなところで子どもが困っているのかがわかれば、困っていることを解決するための方法を提案することができると考えられるからです。

第2章

コミュニケーションを成立させるために

コミュニケーションはやりとりなので、ひとりでできるものではありません。情報が行き来しなければならないのです。しかし、現実にはうまくやりとりができず困っている人たちがいるのです。

ここでは、エピソードもまじえながら、コミュニケーションを成立させるために必要なことについて考えてみます。

メッセージの送受信

送り手と受け手

　コミュニケーションする場合、一人の人が、送り手の役割をもつと同時に受け手の役割ももっています。
　ハジメさんとショウちゃんがコミュニケーションする場合、ハジメさんが話しかけるとするならば、ハジメさんがメッセージの送り手で、それに対してショウちゃんはメッセージの受け手と考えることができます。しかし、続いて受け手だったショウちゃんが送られてきたメッセージへの反応として、ハジメさんにメッセージを返す場合は、今まで受け手だったショウちゃんが送り手になり、送り手だったハジメさんが受け手になります。さらに、このようなことが続く場合には、メッセージの送り手と受け手の役割が順次入れ替わるということになります。このような典型的な対人コミュニケーションの場面では、コ

ミュニケーションの当事者はメッセージの送り手であると同時に受け手でもあります。

　当然、自閉症スペクトラムなど発達障害のある子どもの場合も、同様に送り手になったり受け手になったりすることになります。

　今日、誰かと話したことを思い出してみてください。メッセージの送り手としての役割と受け手としての役割をうまく果たせていたでしょうか。通じ合わなかったとき、この役割を果たせていなかったことが原因の場合も考えられないでしょうか。そんなときは、相手の言っていることを最後まで聞くようにすることが大切です。途中でさえぎってしまうと、送り手や、受け手としての役割を果たすことができなくなる場合があるからです。

送り手と受け手
発達障害がある子どもが抱える困難さ

　自閉症スペクトラムなど発達障害のある子どものなかには、送り手と受け手といった立場を入れ替えることができないことが原因でトラブルを抱えてしまう人がいます。たとえば、「指示待ち」です。指示されないと動くことができない子どもたちがいます。自分から尋ねたり、助言を得たりすることができないのです。これは、ふだんの生活のなかで、コミュニケーションの受け手だけになることが多く、それを手がかりにしなければ動けなくなっているため、自分から発信できないことに原因があるといえるでしょう。子どもは誰でも最初は自分から動くのです。ところが、行動した結果うまくいかず、失敗経験が多くなり、加えて叱られた経験が多くなると、自信がなくなってしまい、自分からは動けなくなってしまうのです。自信がなくなってしまったとき、誰でも同じような状況になることは予想できます。

　このように、「指示待ち」の子どもは、自分から発信できなくて困っていると考えてみるのです。どのようにしてよいのかわからないときに、自分から尋ねることができないために困っているということです。発達障害のある子どもと関わっていると、いろいろなことがうまくできなくて、困っている場面によ

指示待ち

く出会います。このようなとき、周囲にいる人たちは、どうせうまくいかないに違いないという理由で、子どもがすべきことを代わりにしてしまったり、反対に、子どもがした結果が不十分だと、叱ってしまったりすることがよくあります。当然、子どもは経験すべきことを経験できなかったり、叱られたりするため、自分の行動に自信がもてなくなってしまいます。その結果、自分から尋ねる経験も少なくなるでしょうし、叱られるのではないかと思うと自分から尋ねることはできなくなってしまいます。「指示待ち」の状況になってしまうのも仕方がないことなのです。

　また、聞き手の反応にあまり注意を払わないで話し続けたり、質問し続けたりするのを見かけることがあります。聞き手の気持ちにおかまいなしに次々と話し続けたり、質問し続けたりするとトラブルになってしまうこともあります。このようなトラブルになるのは、非言語的なメッセージを理解できないことに主たる原因があるのですが、送り手と受け手の役割を交代できないということも原因の一つです。聞き手の反応におかまいなしに話すというのは、自閉症スペクトラムなど発達障害のある子どもにはしばしば見られることです。一方的に話をするので、コミュニケーションは成立しません。このような場合は、役割を交代することができなくて困っていると考えられます。

送り手と受け手
必要な支援と指導

　送り手として、自分から発信することを苦手としているためにコミュニケーションにならない場合は、自分から発信することの必要性に気がつくように指導することが大切です。自分からアクションして周囲を動かす体験をすることが必要なのです。音声などを発することができない場合は、その結果として、周囲の人の反応を引き出す経験が乏しくなってしまうからです。そのようなときにはVOCAなどの伝達性の高いコミュニケーションエイドを使うことができます。

　VOCAはVoice Output Communication Aidの略です。VOCAの最大の特徴は、簡単なスイッチ操作一つで音声を出力することができるということです。そのため、伝達性が高くなるので、周囲の人の反応も引き出しやすくなります。この特徴を生かせば、自分から人に働きかける経験の少ない子どもにとっても、いろいろなアイデアを提案することができるようになります。

　ちょっと考えてみてください。あなたは、声を出すことができない子どもに、人の注意を引く方法をどのように教えているでしょうか。具体的な注意の獲得方法を教えているでしょうか。声を出すことができない子どもたちは人の注意を獲得したくて

もその術を身につけていないのです。VOCAはそのような子どもにも使うことができます。自分の音声ではありませんが、自分がスイッチ操作をすることで音声を発信させることができれば注意を獲得する経験ができるからです。

VOCAにもいろいろなものがあります【写真1】。ワンスイッチで音声を発するものと、複数のスイッチを使い分けることで、複数の音声を発することができるもの、そして、最近ではiPad上で動くアプリも出ています。子どもの実態に応じて使う場を設定することができれば、コミュニケーションが成立した経験をすることができるはずです。いろいろ試してみることが大切です。

ワンスイッチのVOCA 　　　　　複数のスイッチのVOCA

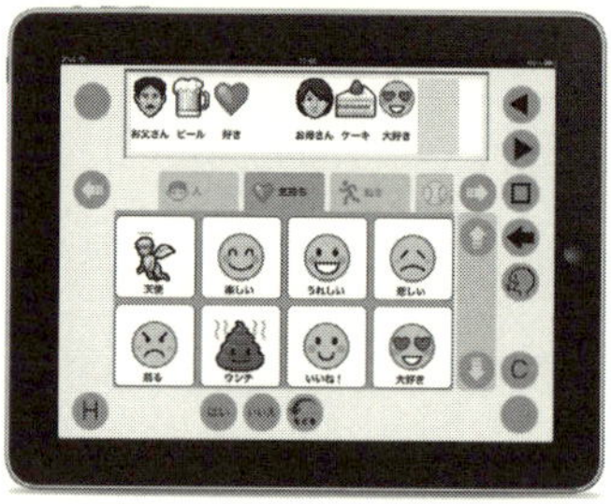

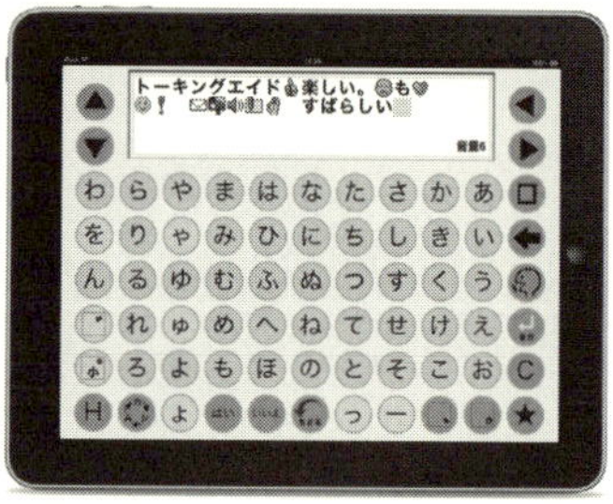

【写真1】iPadのVOCA

　たとえば、こんな遊びも考えられます。VOCAに録音されていることばは「たおれろ～」、子どもがVOCAに手を伸ばしてスイッチを押し「たおれろ～」と発信したら、周囲のいる大人がみんな手足をバタバタさせながら大げさに倒れるのです。繰り返し「たおれろ～」と発信したら、そのたびに大げさに大人が倒れ、足をバタバタさせるのです。想像しただけでも楽しいでしょう。この遊びを「命令遊び」と呼んでいたのですが、「命令遊び」は子どもも大好きで、繰り返しVOCAに手を伸ばし、「たおれろ～」と発声させていました。このような遊びを繰り返すことで、自分がアクションを起こし周囲の人を動かすという経験ができます。楽しく遊びながら、自分から人に働きかけることの楽しさと必要性を学ぶことができるのです。

　コミュニケーションにおけるやりとりは、発信者になったり受信者になったり、その役割を交代することで成立します。一方的に話しているだけでは成立しませんし、聞いているだけでも成立しません。話したり、聞いたりする役割交代ができなければやりとりは成立しないのです。このような場合は、役割交

代の練習をすることが効果的な場合があります。ロールプレイなどを通して役割を交代する練習を繰り返すのです。

　1対1で関わる場面を設定し、順番を交代しながら会話を続けるような練習が必要です。このとき大切なのは、子どもが興味・関心をもっていることを共通の話題として練習することです。興味・関心があることが共通の話題であれば、会話を続けやすくなるからです。「電車の話ばかりするのはやめてください」ではなく、「さぁ、電車の話でコミュニケーションの練習をしよう」という感じでいくのです。つまり、子どもの興味・関心の高い話題を使って、順番を交代しながら長く会話し、やりとりするという経験を積むようにします。交代するときの工夫として、順番カードなど用意する方法もあります。表に子どもの名前を、裏に先生の名前を書いておいて、それを机上に置き、話ができる人の名前を出すようにするのです。

　また、ゲームなどを通して役割を交代する練習をすることも効果的な方法の一つです。黒ひげゲームやすごろく、トランプなどのカードゲームなど、順番の交代場面が明確なゲームなどが利用できます。ゲームなどを利用する場合、最初から大勢の人数で順番を待つ練習をするのではなく、少人数から始めるほうが活動する回数を確保できるので効果的です。また、順番を明確にするための工夫も必要です。たとえば、自分の順番がわかるように、自分の順番になれば帽子が回ってくるとか、自分の順番になったとき、机上に用意された顔写真を示すなどです。「どうぞ」と言われたからするのではなく、自分で順番に気づくようにしていきます。

送り手と受け手
同じ話題ばかりの タロウさん

　タロウさんは小学校3年生です。電車の話ばかりするので、「電車博士」と呼ばれています。北海道から九州までのさまざまな線を走る電車の名前をよく知っています。タロウさんがあまりにも一方的に電車の話をするので、先生はときどき「電車の話ばかりするのは、やめてもらえませんか。別の話はできないのですか？」と言います。すると、タロウさんはいつもさっとその場から離れてしまいます。担任の先生は、一方的に話し続けるのではなく、何とか会話を続けることができないものだろうかと考えて話題を変えて話をしようとしますが、うまくいきませんでした。

　あるとき、担任の先生はJRの駅に止まっている黄色い新幹線を見つけました。ドクターイエローという新幹線です。これは珍しいから、タロウさんに見せようと思い、携帯電話の動画でそれを撮りました。翌日、その動画をタロウさんに見せたところ、会話が続くのです。何色？　これは何をする新幹線？　名前は？　など、タロウさんがいろいろ尋ねてきたからです。

　担任の先生は、いつも同じ話題でしか話さないタロウさんの会話の能力を伸ばそうと考え、電車の話から別の話に話題を変えて会話が続けられるようにするためにあえて、電車の話を避

けていました。しかし、それではうまくいきませんでした。

このエピソードからわかることは、会話を続けるためには、電車の話を発展させるほうがよかったということなのです。ドクターイエローという黄色い新幹線を話題としたことが成功したということです。その話題で、会話を続けることができたのです。「同じ話ばかりするのはやめてください」ではなく、その子どもが話題にしたい内容から関連したことに話題を広げていくことが、会話を続けるために重要だったということです。

まとめ

　送り手と受け手の役割を交代するということは、コミュニケーションを続けていくうえでとても大切なことです。特に対面での会話のときには重要になるということです。

　「一方的に話されてもわかりません」「自分のことだけ話すのではなく、他人の意見も聞きなさい」といって指導するだけでなく、「人の意見を聞くというのはこういうことです」ということを具体的に指導していく必要があるのです。まず、大人と1対1で役割交代をしていくことができるようにします。

　大人との間で役割交代ができるようになると、次はクラスメイトとの間で、そして小グループへと少しずつ人数を増やしていきます。ちょっとずつ練習していけばよいのです。

　また、「指示待ち」になっている人の場合には、援助を求める方法を練習することも大切です。「教えてください」と言うことができるように練習するのです。困っているときには人の助けてもらってもよいということを理解できるようにすることが必要です。

　大人の側は、「それくらい一人でしなさい」といって対応するのではなく、こうすればいいよというように、助けるよという姿勢で臨むことが大切です。失敗しても叱ってはいけないということです。私たちの対応ひとつで、やりとりは大きく変わります。

メッセージの送受信

符号化と符号解読

　符号化と符号解読とは、簡単にいうと「わかるように伝えること」と「伝えられたことを理解すること」ということになります。そして、コミュニケーションしている人は送り手としての機能と受け手としての機能の両方を同時にもつこともあらわしています。

　送り手としてのヨウコさんは、伝えたい内容を言語的な符号（ここでは日本語）に置き換えて送ります。ヨウコさんが言語的な符号に置き換えることができなければ、ヤスコさんに伝えることはできません。また、場合によっては、伝達したい内容を言語的な符号に置き換えるのではなく、非言語的な符号（ジェスチャーや表情など）に置き換えて伝える場合もあるでしょう。

　ヨウコさんがヤスコさんに伝えるために言語的（非言語的）

な符号に変換した内容はメッセージと呼ばれます。つまり、符号化するということは、ヨウコさんがヤスコさんに伝えたい内容をメッセージとしてつくり出す行為と言い換えることができるのです。ヨウコさんが、伝えたい内容を表現する過程、これが「符号化」です。

　受け手となったヤスコさんはヨウコさんから送られてきたメッセージを受け取り、そのメッセージを解読して意味を取り出さなくてはなりません。符号解読とは、このように、ヤスコさんがヨウコさんから伝えられたメッセージを理解する行為をあらわします。伝えられたメッセージから意味を理解する過程、これが「符号解読」です。

　私たちは、送りたいメッセージを産出し、送られてきたメッセージを理解するという行為を絶え間なく行っているのです。ここでは、符号化することと符号解読することを分けて考えてみます。

符号化と符号解読
発達障害がある子どもが抱える困難さ（符号化）

　自閉症スペクトラムなど発達障害のある子どもたちのなかには、伝えたい内容をうまく符号化できない子どもたちが多くいます。

　符号化するにあたって重要なことは、相手にわかるように符号化することと、受け入れられるように符号化することです。しかし、自閉症スペクトラムなど発達障害のある子どもは、周囲の人に受け入れられないような方法で伝えることがあります。相手に受け入れられるような音声表出言語等に符号化してメッセージを送ることができないためです。

　音声表出言語で発信する方法が身についていない場合は、別の方法でメッセージを送ることになります。音声言語以外の方法を使って適切に符号化しなければならないのです。たとえば、ジェスチャーなどを使って符号化する方法を考えなければなりません。しかし、ジェスチャーなど音声出表以外のコミュニケーション行動の示す意味を知らなければ、今、自分が使える方法で符号化しなければなりません。その結果、相手をたたいてしまったり、大きな声を出してしまったり、自分の手を噛んだり、自分の頭をたたいたりするような方法になるのです。これは、自分が伝えたいメッセージを周囲の人に受け入れられる形で表

不適切な表現方法

現できないことに原因があります。

　しかし、このような形で符号化されたメッセージは、相手も解読することができないため、通じ合うことができません。結果はその子どもにとってはつらいものになってしまいます。「あの子は問題行動ばかりする困った子だ」「すぐに暴力をふるうどうしようもない子だ」というような評価をされてしまうからです。しかし、この評価は正当なものとはいえません。なぜなら、そのような符号化の方法しかできないためにあらわれた行動だと考えられるからです。人を傷つけようとか、人を困らせようなどと考えてしているのではありません。自分なりに符号化して伝えてみたものの、それが周囲に受け入れられないような行動であったため、結果的に周囲の人に迷惑をかけてしまうことになっているということなのです。

符号化と符号解読
必要な支援と指導（符号化）

　周囲の人に受け入れられない行動で表現している子どもには、同じメッセージを周囲の人に受け入れられる手段で伝えることができるようにする練習が必要です。子どもたちが困っているのは、相手に伝わるように、適切に符号化してメッセージを送ることができないことです。つまり、どのような方法でメッセージを送れば相手に伝わるのかということを教えることができれば、その問題は解決するということなのです。

　それを教えるためには、送りたかったメッセージをできるだけ正確に知る必要があります。子どもの行動や文脈などから、伝えたかったメッセージを推測し、「それを伝えるのだったら、このように伝えればよかったのではないかな」「そのような言い方では伝わらないから、このように言いましょう」というように、具体的なメッセージを送る方法を練習する必要があるということです。

　ときには小集団でロールプレイするなどの方法も効果的です。音声でメッセージを送ることができない子どもの場合は、代替手段を使ってメッセージを送る練習も必要です。絵カードやVOCAなどのコミュニケーションエイドを使って伝える練習も考えられます。

カードや VOCA などを使ったコミュニケーションの方法は AAC とよばれます。最近コミュニケーション手段の一つとして取り上げられている PECS なども AAC に分類されます。

　AAC は Augmentative and Alternative Communication の略で、拡大代替コミュニケーションといわれているものです。人が自己決定することは、生活の質を向上させるうえで重要だという考えに基づいています。もちろん、音声でコミュニケーションをとることが困難な人の場合も同様です。音声でコミュニケーションとることができないので、音声以外の手段を使って自己決定や自己選択ができるようにしていこうというものです。

　つまり、手段にこだわらず、その人がもっている能力とその能力に応じたテクノロジーを使うことによって、自分の意思を相手に伝えることができるようになりましょうというのが AAC の考え方なのです。

エピソード

符号化と符号解読
「抱っこして」

　障害のある子どもたちの就学前の保育をしている通園施設から連絡がありました。4歳の自閉症スペクトラムのあるケンちゃんがピアノにあがって困るというのです。ケンちゃんは特定の保育士さんと目が合ったときにピアノにあがります。保育士さんは走ってやってきて「ケンちゃん、ピアノにあがってはいけません。メッ」と言ってはピアノから抱きおろします。それが何度も繰り返されるのです。担当の保育士さんも疲れてきます。

　よく見てみると、ケンちゃんは担当の保育士さんと目が合うのを待っているようです。そして、目が合うとにこっと笑ってピアノにあがるのです。どうも抱きあげてもらいたいためにピアノにあがっているようです。ピアノにあがると、担当の保育士さんが走ってやってきて抱きあげておろしてくれるからです。

　そこで、「抱っこして」のカードをつくって、抱っこの際に使うように練習しました。そのカードを手渡したら抱っこするようにしたのです。そして、ピアノにあがったときには、抱っこしないで、すっと降ろすようにしました。しばらくは、ピアノにあがっていましたが、カードを手渡すと抱っこしてもらえるということが理解できるとピアノにあがることはなくなりま

した。

　このエピソードからわかることは、ケンちゃんはいたずらをしていたのではなく、抱っこしてもらいたかったということです。ピアノにあがって抱きあげてもらった経験があったのでしょう。そこで、ピアノにあがるという行動で抱っこしてほしいというメッセージを送っていたのです。実際にピアノにあがったら抱っこしてもらえるので、その行動が続いたのです。しかし、その後、ピアノにあがってもすっと降ろされるようになり、同時進行でカードを手渡して抱きあげてもらうという練習をしたので、カードを手渡すという周囲の人に受け入れられる方法を身につけたのです。何が言いたかったのかを考えてみることが大切だということです。

符号化と符号解読
発達障害がある
子どもが抱える困難さ(符号解読)

　自閉症スペクトラムなど発達障害のある子どもたちのなかには、送られてきたメッセージを理解する過程でも課題をもつ子どもが多くいます。伝えられたことばの意味がわからないのです。伝えられたことがわからないから混乱します。子どもが混乱しているときは、何を伝えられたのかがわからなくて困っている状態だといえます。

　また、ことばを字義どおりに解釈しすぎることがあり、そのことによって困難を抱える子どもも多くいます。たとえば、誇張表現や比喩、冗談などです。これらが問題になることがあるのです。私たちはしばしば、「いつでも相談にのるよ」という言い方をします。このことばの裏には、世間一般で認められている暗黙の了解というルールの範囲内で相談にのるという意味がありますが、これを字義通りにとって、どんな時間でも相談にのってくれると解釈してしまうのです。そのため夜遅くに電話がかかってくることもあるでしょう。忙しくしているときに突然相談にやってくることもあります。そのようなときに「夜遅くは困ります」と言ったり「今は忙しいから無理です」と言ったりすると、「いや、あなたは『いつでもいい』と言いましたよ。あなたは私をだましたのですか」ということになります。極端

な場合は「だましたんですか？」とか「うそをついたんですか？」ということになりかねないのです。「あなたはうそつきだ」というように、相手を非難する行動につながる場合もあれば、「うそをつかれるくらい相手にされていないんだ」というように自分を責める行動になる場合もあります。どちらも歓迎できる結果ではありません。このような場合は、社交辞令ということがわからなくて困っているということです。暗黙の了解事項は、見ることができないからです。

　自閉症スペクトラムなど発達障害のある子どもは小さいときには、お母さんが名前を呼んでも振り向かないことがあるため、聞こえていないのではないかと疑われることもあります。しかし、耳鼻咽喉科で検査をしてもらうと、「聴力には問題はない」と言われるのです。聞こえているということです。ちゃんと聞こえているのに、名前を呼ばれても振り向かないのです。それは、呼びかけられているということが理解できないからなのです。その結果、「あの子は呼ばれているのに無視をする」という評価をされることもあるでしょう。名前を呼ばれたことに含まれているメッセージを理解できなくて困っているということです。

　話しことば以外の非言語的なコミュニケーション手段，たとえば、身ぶりや表情などを理解し、それを適切に用いることが困難な子どもも多くいます。相手が忙しそうにしていても、それを理解することができず、話をやめることができないために、トラブルになることもあります。トラブルになってもなぜそのような結果になったのか理解できず悩むこともあります。このような場合は、非言語的なメッセージを理解できなくて困っていると考えることができます。

字義通り

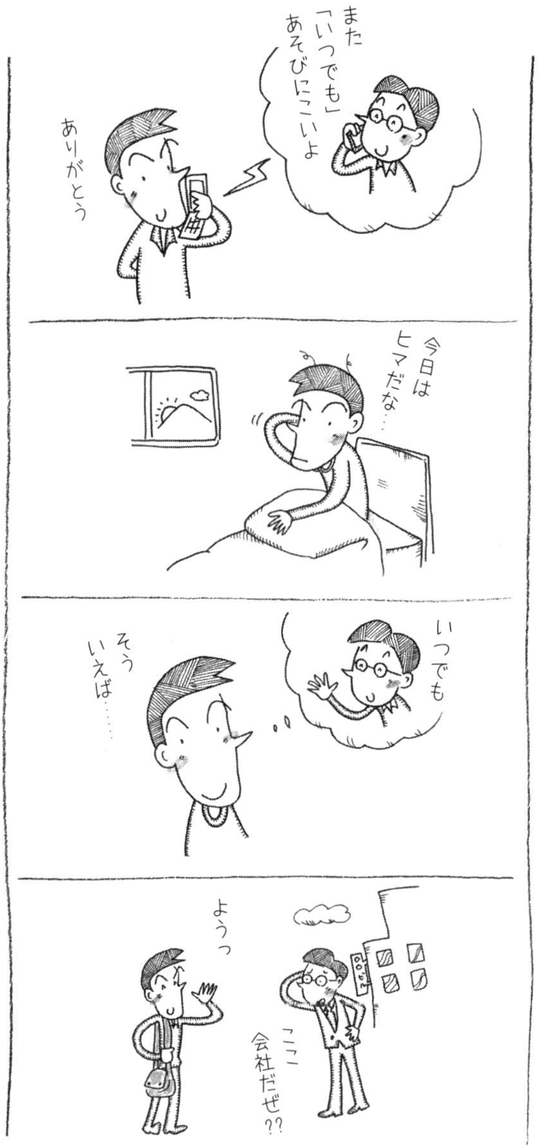

符号化と符号解読
必要な支援と指導（符号解読）

　音声で伝えられても符号解読ができない子どもには、絵カードや写真などのシンボルを利用するという方法があります。どうすればその子どもに伝わるのかを考えて工夫します。音声表出ができる場合でも、音声だけで伝えられたことを十分に理解することが困難な子どももおり、その場合も同様です。このようなときは、構造化による支援が必要になります。

　構造化とは「わかるように伝えるための方法」ということです。【写真2】は片づけることができない子どもに、写真を使って片づけ方を示した構造化の例です。どのように片づけるのかがわからないので、片づけ方を視覚的にわかるように示したのです。視覚的に示すだけで、【写真2（右）】のようにきれいに片づけられるようになります。きっと子どももほめられることになるでしょう。「きれいに片づけられましたね」と。

　このように構造化することに対して批判的な指摘を受けることがあります。世の中はそこまで構造化されていないので、成長期にそこまで構造化してしまうと、社会適応がより困難になるのではないかということが主たる理由のようです。しかし、周囲を見渡してみるとわかりますが、すでに世の中は多くの人にとってわかりやすいようにかなり構造化されているといえま

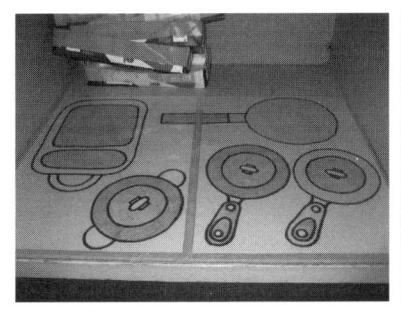

【写真2】構造化の例

す。トイレのマークもそうですし、わかりやすく表示されている電車の時刻表、横断歩道もそうです。最近多くなった歩行者信号の横についている青信号に変わるまでの時間表示もそうです。このように考えるならば、私たちの社会はわかりやすく構造化されているといえるのです。

【写真3】は、スマートフォンを利用したタイマーです。これも視覚的に構造化して伝える例の一つです。時間もこのように面積で示すとわかりやすく伝えられるのです。

こちらからのメッセージを字義通りとる子どもの場合には、「屁理屈ばっかり言うのではなくて、もっと素直になりなさい」と対応するのではなくて、そのことばのもつ意味をわかるように伝えていく必要があります。比喩などの場合は特に注意が必要です。

「頭を冷やしておいで」は、「氷で頭を冷やす」ことではなく「どうすればよいのか、もっと別の方法も考えてみ

【写真3】スマートフォンを利用したタイマー

符号化と符号解読　47

ましょう」などと意味を正確に伝える表現に変えることが大切だということです。また「いつでもどうぞ」などの社交辞令の場合は、「訪ねようと思う前の日には、相手の予定を聞きましょう」などと具体的に教えていくことも大切です。冗談なども同様で、その一言が子どもを傷つけていることになっていないかどうか、よく観察しておく必要もあります。冗談で言った一言が、相手を深く傷つけてしまうことがあるということも忘れてはいけません。言われたことを字義通りにとるタイプの子どもには、そのような配慮をする必要があるのです。

　また、表情などを理解することができないためにトラブルになる子どもの場合には、相手に尋ねるという方法を練習することも大切です。トラブルになる場合をよく観察して、トラブルになりそうな場面で使うことができることばをピックアップしておき、似たような状況で相手に都合を尋ねる練習をするので

【写真4】スマートフォンの感情アプリ

す。たとえば、話がしたくなったときには「今よろしいでしょうか」などのことばを使うことができるように練習します。また、感情や表情などを状況と合わせて読み取る練習もする必要があります。イラストなどを使って、表情と感情をペアにして組み合わせて考える練習をするのです。他人の感情だけでなく、自分の感情にも気づくような練習もします。自分の感情に気づくことが、相手の表情などの読み取りにつながるからです。【写真４】は香川大学と富士通（株）が共同で完成させたスマートフォンで感情表現を練習するためのアプリです。

　数直線を動かすと表情と面積が変わっていき、そのときの感情を表現することができるようになっています。このように、感情表現も視覚的にわかりやすくして、表現できるように練習するのです。

　このアプリケーションを日記を書くときに使用してもらった事例では、「楽しい」「おいしい」など数種の感情表現しかできなかった子どもが、使用していくうちに語彙が増加したという結果が得られました。このアプリを使ったら必ずこのような結果が得られるとはいえませんが、これらの結果につながったのは、感情を視覚的に表示させることのできるこのアプリの一つの効果だと考えられます。

エピソード

符号化と符号解読
「気にしてないよ」

　コウちゃんは図鑑で昆虫のことをよく調べるようになりました。いろいろな虫の名前を覚えています。
　あるとき、「アリジゴク」は幼虫で成虫になると「ウスバカゲロウ」になるということを図鑑で知りました。コウちゃんが「ウスバカゲロウ」の語呂をおもしろいと感じ「ウスバカ」「ゲロウ」とことばを分けて遊んでいたときのことです。
　たまたま、そばを通りかかった上級生のユイちゃんに「ウスバカユイ」と言ってしまいました。それを聞いていた先生は、「コウちゃん、人の名前を呼ぶときには、ちゃんと名前で呼びなさい」と注意しました。注意されたコウちゃんは今にも泣きそうです。「コウちゃん、ユイちゃんに謝っておいで、わかりましたか」。コウちゃんは、ユイちゃんに「ウスバカユイと言ってごめんなさい」と謝りました。そのときユイちゃんは、「わかりました。いいのよ、もう気にしていないから」と答えました。
　その瞬間、コウちゃんは泣き出しそうな顔から急に笑顔になり、「先生、ユイちゃんはウスバカユイと言われても気にしていないんだって、ぼくはよかった」と言ったのです。そしてまた「おい、ウスバカユイ」と言ってしまったのです。
　このエピソードからわかることは、コウちゃんが同じことを

ウスバカユイ

バイバイ
ウスバカ
ユイ!!
ゴメン
ナサイ
えっやっぱり?
いいのヨ
もう気にしてないから
びっくり
させんなよ
ウスバカ
ユイ!!

繰り返して言ってしまったのは「いいのよ、気にしていないから」ということばを字義通りにとってしまったことが原因だということです。「自分は謝るような悪いことはしていない」と理解したので笑顔になったのです。「許してもらってよかった」という気持ちだけで笑顔になったのではなりません。「悪いことをしてしまった」と感じている場合には、その後、同じことを繰り返して言ったりすることはないと考えているからです。このような場合には、ユイちゃんに「気にしているからもう言わないでくださいね」と言ってもらうように伝えておくことです。周囲の人の協力を得ることで、人によって対応が大きく違うということがないようにしなければなりません。子どもの場合は、そのような対応は難しいこともあると思われますが、少なくとも指導者間では、共通理解をしておく必要があります。

　このように、ことばを字義通りとってしまう場合には、お互いが誤解してしまうことになるため、人間関係をつくるうえではマイナスに作用することになってしまいます。人間関係を築きたくても築けなくなるのです。それゆえ、子どもに関わる大人は、誤解が生じないようにするために、ことばを置き換えるという役割を果たさなければなりません。

まとめ

　符号化と符号解読ができないと、コミュニケーションは成立しません。まず、考えなければならないことは、音声表出言語で伝えることができない子どもの場合、どのように符号化して伝えようとしているのかをよく観察することです。それは、直接行動であったり、問題行動と言われるような行動であったりする場合があります。

　このようなときに大切なのは、大人の側が、その子が何を言いたかったのかを予想する力を身につけておくということです。これは、コミュニケーション障害のある人をどのように理解しているかに左右されます。「わかっているのにこんなことして」というように理解するのではなく、「これが言いたかったんだね」と理解するということです。発達障害のある子どもに悪意はないことを知っておきましょう。

　符号化と符号解読は、相手が理解できるように符号化することによって大きく改善する可能性をもっています。コミュニケーションが成立した経験を多くしている大人の側が符号化を工夫することが大切なのです。

メッセージの送受信

メッセージ

　送り手がメッセージを発信し、そのメッセージを受け手が受信することによって、人と人とのコミュニケーションは成立します。そこにメッセージがなければ、対人コミュニケーションは存在しないことになります。メッセージとは伝えたい内容と言い換えることができます。このように、送り手側によって送られ、受け手側によって理解されるメッセージは、人と人とがコミュニケーションしてやりとりする過程において最も重要なものです。

　ヒロミさんによって言語に変換されて送られたメッセージは、セイコさんの聴覚的な感覚器官や視覚的な感覚器官によって知覚されます。そして、脳で情報処理され、そのメッセージに込められている意味が解読されるのです。非言語的なメッ

セージの場合も同様です。ヒロミさんから発せられた非言語的なメッセージは、セイコさんの聴覚、視覚、触覚、臭覚、味覚などの器官を通して知覚されて、そこで情報処理され、意味が取り出されていくのです。

メッセージ
発達障害がある子どもが抱える困難さ

　自閉症スペクトラムなど発達障害のある子どものなかには、伝えたいメッセージを相手にわかるように伝えることができなかったり、伝えたいと思っているメッセージ（伝えたい内容）が周囲から見て適切でなかったりする場合があります。

　相手にわかるように伝えられないということは、うまく符号化できないということなので、符号化（P 36）を参照してください。伝える内容が適切でないというのは、相手の嫌がることを繰り返し言ってしまう場合などです。本人は関わりたいというメッセージを送っているのですが、相手には不快なメッセージとして伝わってしまうのです。その結果、相手にされなくなったり、トラブルに発展することもあります。

　エコラリアもメッセージをうまく相手に伝えられない原因となる場合があります。エコラリアとは、言われたことばをその場ですぐに繰り返したり（即時性のエコラリア）、同じ状況で以前聞いたことのあることばを言われた通り繰り返したり（遅延性のエコラリア）することです。オウム返しと言うこともあります。お話ができる自閉症スペクトラムなど発達障害のある子どもの少なくとも4分の3は、エコラリアを示すと考えられています。

たとえば、シンちゃんは、クッキーがほしいときには「シンちゃんにクッキーをあげます。どうぞ」といいます。母親がシンちゃんにクッキーをあげるときに言っていたことばを繰り返しているのです。これは、遅延性のエコラリアです。特定の語句と状況を結びつけて学習していたのです。いつもシンちゃんとやりとりしている人には違和感はないでしょうが、初めて出会った人には違和感があるでしょう。そこには、お菓子がほしいというメッセージが含まれているのですが、うまく伝わらないこともあります。名前を呼ばれたときに「はい」と返事をするのではなく、「シンちゃん、はい」と返事をする子どももいます。名前を呼ばれるときに、いつも言われているので、そのことばを繰り返すのです。

　その場で言われたことをその通りに繰り返すのは、エコラリアと言われるものです。何か返さないといけないのですが何を返してよいのかがわからないときに同じように返してしまうのです。

　また、感覚の過敏さや鈍感さが間違ったメッセージを発してしまうこともあります。髪の毛のにおいを嗅ぎにいってしまうような場合がこれに該当します。においが気になって嗅いでしまうのですが、相手に不快感を与えてしまうことになります。

メッセージ

メッセージ
必要な支援と指導

　不適切な内容でメッセージを送る場合は、本当は何が言いたかったのかを推測しなければなりません。本人と話をすることも重要でしょう。先に紹介した感情表現なども練習しながら、相手の気持ちや自分がしたいことなどを考えて、その状況でより適切な表現方法を提案する必要があります。何が言いたかったのかがわかれば、その子どもが望みをかなえることができるようにするために必要な、より適切な方法を提案することができることになります。

　以前に経験したのと同じ状況で繰り返し言われていたことばを、特定の状況と結びつけて言う子どもの場合は、正しく言い直しをする練習が必要です。あることばを特定の状況と結びつけて言っている場合には、そのときに使うべき適切なことばを文字にして示し、その状況になったときに、それを読むように指導します。エコラリアが出た後に、それを修正するために文字を読んでもらうのではなく、その状況で正しく表現できるように、以前エコラリアが出た場面で、エコラリアが出る前に読んでもらうのです。そうすることで今後の実際の場面で、適切な表現ができるように練習するのです。

　たとえば、返事をするときに「シンちゃん、はい」と言って

しまう子どもの場合で考えてみましょう。文字を読むことができるならば、「はい」とだけ書いたカードをつくります。そして、「シンちゃん」と呼んだときに、そのカードをタイミングよく見せ、カードに書いてある文字を読むように促すのです。これを繰り返し練習することで、「シンちゃん」→「はい」と言えるようになります。

　感覚に過敏性をもっている子どもの場合には、不快な感覚を取り除く方法の提案も効果的です。特に音に対する過敏性を抱えている子どもの場合には、イヤーマフやノイズキャンセリング機能のついたヘッドフォン【写真5】、耳栓など、不快な感覚を遮断するツールを利用することで解決できる場合もあります。においに過敏性のある子どもの場合は、においを嗅いでかまわないものを決めるという方法もあります。たとえば、好きな香水の匂いのするハンカチなどを常に持ち歩くという方法です。「他の人の髪の毛のにおいは嗅いではいけないけれど、これならいいよ」というように指導していくのです。

【写真5】ノイズキャンセリング・ヘッドフォン

出席をとります
タロウくん
サッ
はい
はい

　子どもがどのようなメッセージを発信しているのかを知ることは、コミュニケーション指導をしていくうえでとても重要なことです。しかし、音声表出などができない子どもが、何が言いたいのかを知ることはとても困難なことです。ただ、子どもの様子を見ているだけでは何が言いたいのかはわからないからです。子どもが何を言いたかったのかを知るための方法として、コミュニケーションサンプルをとるという方法があります。これは、アメリカのノースカロライナ州の保健政策であるTEACCHプログラムでも使われているコミュニケーションの評価の方法です。

　コミュニケーションサンプルでは、子どもが発信したことを、その文脈、相手、機能、方法などに分けて整理して記録していきます。そして、この記録を参考にして、子どもが言いたかったことを確認し、目標を立てて指導していくのです。このように記録をすれば、その子どもの表出性のコミュニケーションの実態を知ることができます。コミュニケーションの実態が明らかになると、伝えたいメッセージが確実に伝わるような手段と方法を考え提案し、その手段と方法を練習していきます。

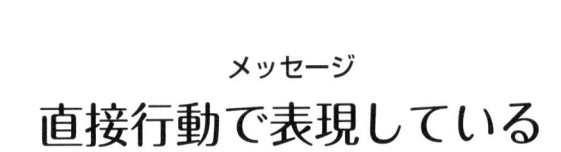

----- エピソード -----

メッセージ
直接行動で表現している

　お話をすることができないミヤちゃんは小学校2年生の自閉症スペクトラムのある女の子です。最近ようやくカレンダーの意味がわかってきたようです。ところが、カレンダーの意味がわかるようになると、嫌なことがカレンダーに貼ってあるとそれを取り除こうとするようになりました。お母さんは入れ替えができるポケット式のカレンダーを使っています。そこに、歯医者さんのカードを入れたところ、そのカードをポケットからとって捨ててしまうのです。お母さんは困ってしまいました。そして、「さわってはいけません。だめ！　カレンダーにはさわりません」と強く言ったのです。すると、ミヤちゃんは大きなパニックに陥ってしまい。カレンダーをぐちゃぐちゃにしてしまいました。

　このエピソードからわかることは、ミヤちゃんが発していたメッセージは「歯医者さんには行きたくない」のだということです。カレンダーからカードを外すという直接行動で「歯医者には行きたくない」と伝えていたと考えられるのです。しかし、お母さんが「カレンダーをさわりません」と言ったため、それは「黙りなさい」と言ったのと同じになってしまったのです。その結果、行きたくないということを表現できなくなって

しまったのです。

　カレンダーのポケットから、歯医者のカードを外そうとしたときに、「いやだねー、つらいねー」と共感することばを伝えるようにすることが大切です。そして、外されたカードをまた元に戻すのです。言っても、言っても歯医者はなくならないということです。実は、その後学校でこのような対応をしたところ、納得して歯医者に行くことができたのです。表現できるということはとても大切なことです。

まとめ

　子どもたちが発することばや行動には、何らかのメッセージが込められているということを知ることが大切です。何の意味もなくしている行動というのは少ないのです。
　子どもの行動からメッセージを読み取ることができるようになると、やりとりがとても楽しくなります。なぜならば、的外れなやりとりではなく、意味のあるやりとりになるからです。的外れなやりとりには、あまり意味はないのです。
　また、送り手からのメッセージをどのように理解したのかを考えることもとても大切なことです。送り手が意図したようなやりとりにならなかったときは、相手が理解できるようなメッセージではなかった可能性があります。このとき、重要なのは、相手に合わせてみようと考えて工夫することです。
　やりとりがうまくできないとき、多くの場合、理解できない子どものほうに責任を求めることになりがちです。子どもがこちらの意図通りに動かないときに、「わがままはやめなさい」などという場合がそうです。しかし、そうではありません。メッセージをうまく伝えることができない大人の側に課題があるということなのです。
　このことを忘れずに関わることができれば、きっと楽しくやりとりできるに違いありません。

🍓 コミュニケーション手段とルール

チャンネル

　メッセージの送り手と受け手がやりとりを成立させるためには、送り手と受け手を結びつけるものが必要になります。その機能を担っているのがチャンネルと言われているものです。たとえば、聴覚などの感覚器官がそれにあたります。

　コミュニケーションしているときには、通常2つ以上のチャンネルを同時に使っています。

　アッコちゃんが、お父さんに物をとってもらおうとしているときのことを考えて説明しましょう。アッコちゃんはお父さんに「パパー、おねがい」と言っているときには、○音声-聴覚のチャンネル（話をしたり、話の内容を聞いたりなど）が使われていることがわかります。そして、アッコちゃんは、取ってほしいぬいぐるみを指さしながら、手を引っ張っています。こ

のときには、○身ぶり－視覚のチャンネル（身ぶりや指さしをしたり、身ぶりや指さされたものを理解したり）と、○触れる－触覚のチャンネル（触れたり、触れられたり）が使われています。また、お父さんの髪の毛から整髪料のにおいがします。これで、どこかに出かけるのだなということが伝わります。それは、○におい－臭覚のチャンネル（においを発したり、においを嗅いだり）が使われています。このように、私たちは対面でコミュニケーションするときにはチャンネルを複数同時に使っているのです。

　そのほかにも、メッセージを送る手段としてのメディアをチャンネルととらえる場合もあります。電話や手紙、携帯電話、スマートフォン、パソコンからのメールもチャンネルになります。

発達障害がある子どもが抱える困難さ
（チャンネル）

　自閉症スペクトラムなど発達障害のある子どもの場合、感覚過敏などがあると、感覚器官をチャンネルとして利用してコミュニケーションすることができないことがあります。たとえば、触覚過敏があるために、さわられるのを極端に嫌がる子どもの場合は、触覚のチャンネルを使うことができません。反対に触覚をチャンネルとして使ったために、人をさわってしまってトラブルになることもあります。嗅覚に過敏な子どもの場合は、他の人の髪の毛のにおいを嗅いでしまうことで、本当はその人と関わりたいのに、関わってもらえなくなることも起こります。髪の毛のリンスのにおいが気になって嗅いでしまったために、相手に不快感を与えることになってしまい、関われなくなって困っているということなのです。

　音声を使ってコミュニケーションすることができない子どもは、メッセージを伝えるための音声というチャンネルを使うことができなくて困っているということです。そのような場合は、符号化で述べたように、AACの考え方に基づいて、絵カードなど視覚のチャンネルを使ったコミュニケーションの方法などを考える必要があります。

　パーソナルコンピュータやスマートフォン、携帯電話のメー

鼻がよい子ども

ボクは鼻がいい

ちょっとしたニオイ、カオリものがさない

このにおいしってる……

なんなの？ヘンな子！

ルは、自閉症スペクトラムなど発達障害のある人たちにとって有効なコミュニケーションツールになる場合があります。視覚的な情報処理を得意としている人の場合は、文字などを使えば視覚的な情報でやりとりをすることができるからです。自閉症スペクトラムなど発達障害のある人で、話をするのがとても苦手な人が、びっくりするような内容のメールを書いてくることはよくあることです。

　話しことばは時間とともに消えていってしまいます。音声はこのような特徴をもっているので音声で伝えられたときには、音声表出されたことばから瞬時に意味を取り出して、前後のことばと組み合わせ、文脈に沿って意味をつなげていくという作業をしなければなりません。その途中で一つ意味を取り損なうと、それ以降伝えられたことの意味がわからなくなってしまいます。これに対してメールなどの文字情報は消えてなくならないので繰り返し読むことができます。文字情報は時間がたっても消えてしまうことはないので、伝えられたことの意味を取り出しやすくなるということです。

　また、同様に文章をつくる際にも読み返したり、書き換えたりすることが可能になるので、自分の意思を伝えやすくなるのです。このような理由で、文字情報をチャンネルとして利用するメールなどはひとつの有効な手段になるのです。

チャンネル
必要な支援と指導

　触覚過敏などがあり触れられるのが嫌いな子どもの場合は、苦手なチャンネルを使った遊びなどを無理にする必要はありません。関わるために無理して嫌いなことをしても、さらに関わるのが嫌いになるだけです。子どもの苦手を克服するという目標を掲げつつ、そのような指導をしている場面を見ると、いじわるをしているように思えてなりません。それよりも、やりとりすることが可能なチャンネルを探すことのほうが重要です。障害の重い子どもの場合には、具体物をチャンネルとして利用してやりとりすることも可能です。子どもの好きなものを渡したり、受け取ったりすることでコミュニケーションは成立するからです。

　臭覚が過敏で、他の人の髪のにおいなどを嗅いでしまう子どもの場合には、においを嗅いでよいものと困るものを分けて伝え指導します。そして、同時に「髪のにおいを嗅がれたら嫌です」というメッセージをその子が理解できるチャンネルで伝えることが大切です。叱るのではありません。嫌だというメッセージを伝えるのです。匂い袋や好きな匂いの香水をつけたハンカチなどはにおいを嗅いでよいものなので、これのにおいを嗅ぐのはよいけれど、他の人の髪の毛はだめというように伝えるこ

とです。単に「においを嗅いではいけません」というだけの指導にはしないということです。

　また、においを嗅ぐことで、相手の反応を楽しんでいるような場合は、不適切なチャンネルでのやりとりを認めるのではなく、その子どもがうまく伝えることができる別のチャンネルを考え、そのチャンネルを使って、相手の注意を引くことができるように練習していく必要があります。その子どもが伝えたかったことを考え、それを実現するために周囲の人にも受け入れられるチャンネルで伝える練習をしていくのです。

　チャンネルをうまく使うことができない場合、伝えてきた行動が問題行動と評価されてしまうことがあります。そのようなとき、周囲の人は、その行動をやめさせるために「やめなさい」と言うでしょう。しかし、それはその子どもに「表現するな」と言っているのと同じことかもしれません。もちろん、周囲の人が受け入れられない表現行動はやめてもらわなければならないのですが、やめてもらうことと同時に、別の代替行動を提案して、別のチャンネルで表現できるように練習することも忘れてはならないのです。相手に受け入れられるようなチャンネルで、自分の思いを伝えることができるようにしていかなければ、課題は解決しません。

　子どもと日々関わっていると、その子どもがどのようなチャンネルを使って伝えてくるのかがわかるようになると思います。そのとき、大切なのはそのチャンネルを使って伝えることが、周囲の人に受け入れられるものかどうかを判断することです。使えるのであれば、そのチャンネルでやりとりを経験すればよいでしょう。もし、そのチャンネルが適切でなかったら、

周囲の人たちに受け入れられるものに替えていく必要があります。周囲の人に受け入れられながら、やりとりをすることがとても重要だからです。このとき重要なのは、子どものもっているスキルと生活年齢です。生活年齢によっては受け入れられにくいチャンネルもあるからです。

　パーソナルコンピュータや携帯電話、スマートフォンなどを使った電子メールもひとつのチャンネルとしてとして利用することはとても大切です。電子メールであれば伝えることができる子どももいるからです。聞いて理解することが苦手な子どもでも、視覚的な情報でやりとりできる電子メールはコミュニケーションするための強力な手段です。効果的な練習として、メールで相談に応じたり、日記を送ったりする方法もあります。

いいニオイの
ハンカチ

これなら
OK！

エピソード

チャンネル
メールで相談

　エイイチくんは、アスペルガーの診断を受けています。筆者はエイイチくんが小学校5年生のときから相談にのっています。エイイチくんはパソコンが大好きだったので、困っていることや悩むことがあったらメールで相談してねと伝えていました。
　以下に示すのは、そのエイイチくんが私のところに送ってきたメールです。なかなか悩みを口に出すことはできないのですが、メールであれば表現できるのです。

　　こんばんは、エイイチです。最近、学校に行きたくありません。友だちの視線が気になったり、僕がクラスにいてもいいのかと思います。モヤモヤしています。死にたいです。つらいです。中学に行く前にリラックスしたいです。何もかもいやです。明日学校に行く勇気もないけど、行かないかんと思います。でも昼まで頑張っていくつもりです。学校はいややけど大学には行きたいです。苦しくて死んでしまいたいです。
　　坂井先生と話がすんだら、大学のお兄さんとキャッチボールをしたいです。いいですか？

このメールの後、本人に連絡し、翌日会うことにしました。話を聞き、そして学生とキャッチボールをしたあと、元気になって帰って行きました。その後お母さんからは、以下のようなメールが送られてきました。

> 　○○です。昨日はお忙しいなか、時間をつくっていただきありがとうございました。今日は元気に登校できました。卒業したら報告に行くことを楽しみに頑張るそうです。いつも救っていただき本当に感謝しております。学生さんにも試験の最中にもかかわらずありがとうございました。エイイチに生きる希望を与えてくださりありがとうございます。みなさまによろしくお伝えくださいませ。

共通するチャンネルがあってよかったということです。
　コミュニケーションするためのチャンネルがあるということはとても重要なことだということです。
　この例が示すように、エイイチくんが、自分の悩みを伝えることができたということは、その後の生活に大きく影響します。学校などと連携して対応することが可能になるからです。それは、学級経営にも影響を与えます。周囲の子どもたちへの理解啓発もはじまると考えられるからです。いじめなどへの発展も未然に防ぐことができるはずです。
　子どもからわかるように伝えてもらうことができれば、その子どもを取り巻く環境もよりよいものに変えていくことも可能になるのです。

まとめ

　いくらメッセージがあっても、伝えたいという意思はあっても相手と同じチャンネルがないと伝えることができません。多くの場合、チャンネルは音声言語だと思いますが、それをうまくチャンネルとして使うことができないことがあるということです。このようなときには、相手に合わせてチャンネルを工夫する必要があります。

　エピソードでも紹介したように、メールなどが共通のチャンネルになることもあります。発達障害のある人のなかには、同じ部屋にいる場合でもメールでのやりとりをするほうがスムーズな場合もあります。近くにいるので、音声でコミュニケーションしたほうが便利なのですが、音声でのコミュニケーションだけにこだわってしまうと、やりとりが成立しないこともあります。対象となる相手が理解しやすい共通のチャンネルでやりとりすることを考えることが大切なのです。

　チャンネルを考えるときは生活年齢を忘れてはいけません。臭覚のチャンネルでメッセージを伝えてくる子どもの場合３歳くらいまでは、周囲の人も受け入れてくれるでしょうが、それ以上になると奇異な行動に感じるでしょう。もちろん、発達年齢も大切ですが、社会で生活する人としてチャンネルを考える視点を忘れてはなりません。

コミュニケーション手段とルール

コンピテンスと
　　パフォーマンス

　コンピテンスとは、あまり聞きなれないことばですが、ことばに関する知識や、やりとりするために必要なルールについての知識を意味します。人と人がコミュニケーションする場合には、欠くことができない最低限必要な基礎的な知識と言い換えることができます。単語の意味や文法などは、言語的コンピテンスといいます。また、やりとりをするうえでのルール、たとえば、話しかけ方、立場による話し方の違いに関する知識などは、コミュニケーション・コンピテンスといいます。

　ところで、対人コミュニケーションにおける基礎的な知識が備わっていたとしても、それだけで対人コミュニケーションがうまくいくかというと、そのようなことはありません。知っているだけではだめなのです。これらの知識を実際に応用するためのスキルを身につけておかなくてはならないということで

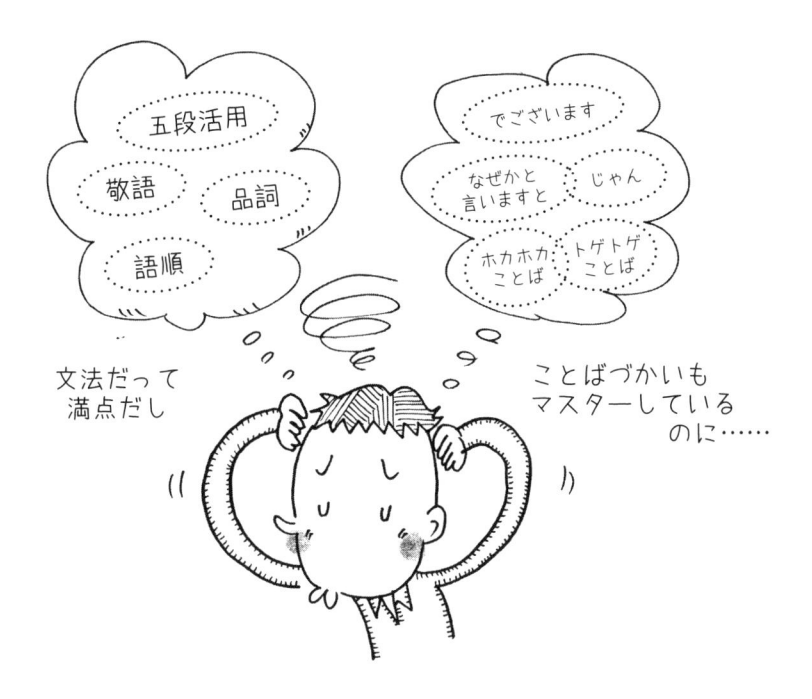

す。コンピテンスはそれを活用するスキルがともなってこそ、人と人との有効なコミュニケーションへと結びついていくのです。

　コミュニケーションを実行するレベルはパフォーマンスと呼ばれます。パフォーマンスはコミュニケーションの意欲にも左右されます。コミュニケーションしたいという意欲が高いときは、パフォーマンスも高くなります。しかし、コミュニケーションが成立しない経験を繰り返すと、コミュニケーションしようとする意欲は低下するため、パフォーマンスは低くなるでしょう。

　また、パフォーマンスに影響を及ぼすものとしては、疲労なども考えられます。誰でも疲れているときはコミュニケーションの意欲は低くなるものだからです。

コンピテンスとパフォーマンス
発達障害がある子どもが抱える困難さ

　自閉症スペクトラムなど発達障害のある子どもの場合を考えてみると、単語の意味などの理解が不十分であるにもかかわらず、それらのことばを使って話すことがあります。ふだん、会話ではあまり使われることのない難しいことばを使って話す子どもがいるのです。

　難しいことばを使っているので、そのことばの意味を知っていると思われがちなのですが、実はことばの意味を理解しないまま使っていることが多いのです。話しているほどには理解できていないということです。しかし、これが原因で誤解されることもあります。周囲の人は、その難しいことばを理解していると考えるので、実際の能力よりも本人を高く評価してしまう可能性があるのです。その結果、実態からかけ離れた、不適切な指導になる場合もあります。

　この場合、その子どもは、自分が使ったことばがどのように相手に伝わったのかがわからなくて困っていると考えられます。当然、うまく伝わらないことになるので、パフォーマンスも低くなってしまいます。その結果、話すことをやめてしまう場合もあるでしょう。これは言語的・コンピテンスが十分に育っていないということに起因します。どのように言えばよかった

のかを提案し、練習する必要があります。

　では、言語的コンピテンス（単語の意味理解や文法の理解など）があればそれでいいのでしょうか。単語の意味の理解や文法等が理解できたとしても、それだけでは十分ではありません。

　先日、こんなことがありました。ある学校の国語の授業です。その授業では、人を気持ちよくすることばとして「ホカホカことば」があり、人の気持ちをいらだたせることばとして「トゲトゲことば」がある。人とコミュニケーションするときには「トゲトゲことば」を使わないようにするということを目標とした授業でした。子どもたちは例として出されたことばを「ホカホカことば」と「トゲトゲことば」に分けていきます。子どもたちは、授業ではさまざまなことばを「ホカホカことば」、「トゲトゲことば」の2種類に分けていくことができていたので、それらのことばがどちらのことばに属するのかという知識はもっていたようです。

　しかし、授業終了後、先生が「トゲトゲことば」として意識させたはずのことばを平気で使ってトラブルになる場面があったのです。人を不快にすることばであるということは知っているはずなのに、それらのことばを授業の直後に繰り返し使ってトラブルになってしまった子どもがいたのです。このことは、言語コンピテンスがあったとしても、それが、コミュニケーション・コンピテンスと結びついていないならば、やりとりとしてはうまくいかないことを示しています。意味がわかりルールがわかるということは、それを使って現実場面でコミュニケーションすることができるということです。上述の授業のように、知識として知っているだけでは不十分だということです。

また、エコラリアの多い子どもは、文法などを理解しないままコミュニケーションしていることがあります。「あなた」「私」などの人称を間違えることもあります。この場合も、言語的コンピテンスに課題があるということになります。

　また、立場を変えて話をすることができなかったり、距離感などを考えずに話してしまったりするなど、コミュニケーション・コンピテンスにも課題を抱えている子どもも少なくありません。これは、どのような距離感で話せばいいのか、立場の違いなどがわからなくて困っているということです。

知ってはいるけどできない

コンピテンスとパフォーマンス
必要な支援と指導

　子どもたちは、意図的に相手をいらだたせようとしているのではありません。一生懸命伝えようとしているのですが、うまく伝えることができないために、結果的に相手をいらだたせてしまっているのです。その状況では使われない単語などを使って伝えてくるようなことが多い子どもの場合は、そのときに使うべき単語を具体的に提案して、その単語を使って再度伝え直すように求めることも必要です。このようにして、現実場面でより適切なことばを使う練習をしながら、単語の意味を理解できるようにしていくのです。また、相手との距離感や、視線、立ち位置、注目を得るための方法、状況に応じたことば遣いなども具体的に指導する必要があります。

　たとえば、相手との距離感については、話をするときには「最低でも手を伸ばしても届かないくらいの距離をとって話しましょう」などと具体的に相手との距離を示すようにします。あいさつなどを自分からすることができない子どもの場合も、その理由のひとつとして、「どの距離であいさつしてよいのかがわからない」ということがあります。そのような場合には「3メートルのところであいさつしてみたらいいよ」と具体的な距離を示すことが指導のポイントです。

コミュニケーション・コンピテンスのどこに課題があるのかを評価して、具体的に解決するための方法を提案することが大切です。話していることの何がわかっていて、何がわかっていないのか。コミュニケーション・スキルとしてどのようなことができていて、どのようなスキルが身についていないのかといったことを、評価し具体的な方法を提案するのです。「これは不適切なことばです」とだけ教えるのではなく「こんなときには、○○といいましょう」と教えたほうが効果的だということです。

エピソード

コンピテンスとパフォーマンス
あいさつができない ケイゴさん

　ケイゴさんは高校3年生です。就職を目指していますが、「おはようございます」などのあいさつができないのです。また、下を向いて歩いていることが多く、顔があがりません。担任の先生は、あいさつができないのは面接などの際にも不利になるし、下を向いていることが多いと印象も悪くなるのではないかと考えています。そこで「相手の顔がわかったら、あいさつしたらいいよ」と言って指導しているのですが、なかなかあいさつができるようにならないのです。あるとき、下を向いているケイゴさんに、「なぜ、下を向いているの？」と聞いてみました。すると、ケイゴさんは「先生は、顔がわかったらあいさつすればいいと言うのですが、どの距離であいさつすればいいのかわからないので、顔を見ないようにするために下を向いています」と答えました。そこで、「あいさつは3メートルの距離でするようにすればいいよ」と伝えると、安心したケイゴさんは、その日から顔があがるようになり、3メートルのところであいさつができるようになったのです。

　このエピソードは、あいさつができない子どものなかに、どの距離であいさつしてよいのかがわからなくて困っている子どもがいるということを示しています。この問題の解決のために

は「顔がわかったら、あいさつすればいいよ」という指導では、解決できないということです。この場合は、具体的な距離を提案する必要があったということです。そこで求められているスキルを具体的に教えるということです。その結果、安心するのでパフォーマンスもあがることになります。

まとめ

　コミュニケーションは実際の生活場面のなかで行われることなので、知識だけを知っていたとしても、それだけでうまくできるかというとそのようにはなりません。その知識を実際のコミュニケーション場面で活用できるようになることが重要なのです。そのためには、生活場面のコミュニケーションの場面で繰り返し練習する必要があります。具体的な場面でやりとりがうまく成立する場面や、うまくいかない場面を取りあげて練習するのです。

　また、提案するときには、その子が実際にできること、イメージできることを提案しなければなりません。その子どもの今もっている能力で解決できる方法を提案する必要があるのです。

　そして、コミュニケーションしたくなるような環境を整えることも大切です。やりとりしたくなるような場面であれば、コミュニケーションの練習もしやすいと考えられるからです。やりとりしたくなる場面をたくさん設定して、コミュニケーションが成立する楽しさを味わうことができるようにするのです。

　コミュニケーションが成立する経験をするということは、とても楽しいことです。コミュニケーションコンピテンスがあり、パフォーマンスが高く保たれると、その楽しさを得ることができるはずです。この楽しさを子どもたちと共有できるように考えることが大切です。

● コミュニケーション手段とルール

ノイズ

　ノイズとは対人コミュニケーションを妨害するものを意味することばです。ノイズはコミュニケーション行動のいたるところに発生します。メッセージを送るときにも、メッセージを受け取るときにも発生します。また、メッセージを符号化するとき、解釈するときにも生じます。そして、それぞれのところでコミュニケーションの成立を妨害するのです。騒音など環境側からの妨害要因もノイズと考えられます。

　ノイズはその性質によって3種類に分類されます。1つは物理的なノイズです。周囲の騒音や話し手側の話し方などは物理的ノイズの代表的なものです。物理的なノイズはチャンネルに影響を与えることになります。2つ目は心理的ノイズです。心理的ノイズは、送り手と受け手側の先入観や偏見といったもの

です。先入観や偏見はメッセージを符号化する際にも影響を与えますし、メッセージを符号解読する際の、パフォーマンスにも影響を与えることになります。3つ目は意味的ノイズです。意味的ノイズは、送り手と受け手がことばなどの意味を共通理解していない場合に起こるノイズのことです。送り手側によって意図された意味を受け手側が理解できないことによる妨害です。このノイズはメッセージを符号解読する際に影響を与えることになります。

　受け手が、メッセージを解読する段階でノイズが生じることもあります。受け手側の妨害要因が作用する場合です。受け手側のことばの誤解、先入観や偏見などに基づく解釈がノイズとなることもあります。

発達障害がある子どもが抱える困難さ
ノイズ

　感覚過敏などのある子どもの場合は、空調の音や蛍光灯の光などが物理的なノイズとなってしまうことがあります。選択的に必要な音を取り出すことができにくくなるため、伝えられたことがわからなくなるのです。

　カクテルパーティー効果という現象があります。人間は、カクテルパーティーのように人がたくさんいる場面でも、会話をすることができます。聞こえている音を処理して、そのなかから必要な情報だけを取り出すことができるからです。しかし、感覚過敏などがある子どもの場合は、一度に多くの音が入ってくるため、処理しきれなくなってしまうのです。つまり、必要な音だけを選択的に取り出すことができにくくなるのです。

　ノイズのなかで最も注意しておかなければならないのは心理的ノイズです。自閉症スペクトラムなど発達障害のある子どものなかには、注意や指導を受けることが多くあるために、自尊心が低くなっている子どもがいます。その結果、自信をなくしてしまうこともあります。このような場合、何かを伝えようと思っても、最初から「また、叱られる」と思ったり、「また何か注意されるに違いない」と思ったりするために、伝えられなくなることがあるのです。心理的ノイズが発生するために、伝

えようという意欲もなくなるということです。これまで認められてこなかったという経験によってつくりあげられた先入観が心理的ノイズになっているのです。また、当事者が少し被害妄想的になっている場合や差別されていると感じている場合もノイズとなります。理由もないのに攻撃的なことばを突然使う子どもがいます。これまでの生活のなかで感じてきた弱小感や、孤立感がこのようにノイズとなるのです。そのようなときは、子どものほうから「どうせぼくは……」とか「どうせ私は……」などということばが出てきます。子どもの側に心理的ノイズが生じているのです。

　支援者が送り手側となるとき、支援者がもつ先入観がノイズになることもあります。支援者の先入観は、相手が自閉症スペクトラムなど発達障害があるということで、「あの子は○○だから……」「あの子には障害があるから……」「あの子は自閉症スペクトラムがあるから……」と考えて、支援してしまう場合に生じます。

　意味的ノイズとしては、送り手の場合も受け手の場合もノイズを発生させることが多くあります。送り手としてノイズを発生させてしまうのは、ことばの意味を誤って覚えていたり、誤って間違った意味を思い込んで使ってしまったり、そのことばのもつ意味を柔軟に使うことができない場合に起こります。その結果、相手に伝えたいことが正確に伝わらなくなってしまうため、誤解をまねくこともあると考えられます。

　受け手としてノイズの影響を受けるのは、相手に言われたことばを字義通りに受け取ってしまったりする場合です。相手から伝えられた冗談が理解できなかったり、比喩などを理解でき

ず、それらが原因でトラブルになったりすることもあります。また、表情などから意図を読み取ることができずことばの意味が理解できないこともあります。皮肉などがそれにあたります。これは、受け手側としてことばの意味を誤解してしまっているために生じたノイズによる影響だと考えられるのです。

　物理的なノイズや心理的なノイズが発生することで、コミュニケーションが成立しないだけではなく、誤解が生じてしまいトラブルになることがありますが、それだけは避けたいものです。この場合、トラブルになってしまった理由がわからないことが多いため、自分の力だけで解決することは困難になります。コミュニケーションしようとしてもそのたびにトラブルになる経験を繰り返すことになると、コミュニケーションの意欲が失われてしまいます。

　ここで重要なのは、支援する大人の側が心理的なノイズを発生させないようにすることです。そのためには、子どものコミュニケーションの実態をよく知り、コミュニケーションの成立を妨害するノイズの発生を抑える必要があります。子どもが自信を喪失することがないように、まず私たちが自分を振り返ることが重要です。

自信ない

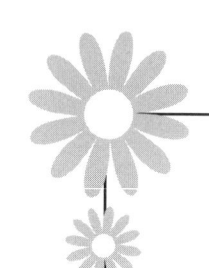

ノイズ
必要な支援と指導

　送り手として意味的ノイズを発してしまうような場合は、そのことばがどのように相手に伝わっているのかを、ていねいに教える必要があります。必要に応じて絵や文字などにして視覚的にわかるように伝えることも重要です。また、相手の感情に気がつくようにするために、感情表現用のシート【図2】などを用いる工夫も考えられます。感情は見えないので、わかりにくいからです。「あなたの言ったことは、このように伝わったから、こんな気持ちになったのよ」というように、そのときに言ったことばと伝わった内容、そして、そのときの気持ちをセットにして視覚的に伝えるのです。そして、その場合の適切なことばについても合わせて指導します。

　社交辞令などで、よく使われることばについては、言われたときの対応の仕方も含めて練習しておくことが大切です。「『引越しました。お近くにおいでの際は是非お立ち寄りください』と言われたとしても、行く必要はありません」と教えるということです。

　自尊心が低くなってしまっていることが原因で、何でもネガティブに受け取ってしまう場合には、自尊心を高く保つことができるように肯定的に声かけすることを心がける必要がありま

【図2】感情表現シート　　　　　　　　　　　　　　　画・石田　歩

す。自信を取り戻すことができるように、当たり前のことでもほめるというようなことから始めることが大切です。また、果たすべき役割を用意して、それを実行してもらうということも大切です。簡単なことでかまいません。係活動などを用意しておくのです。そして、役割が実行できたときは、それがたとえ不十分な結果であったとしてもまずほめるようにします。不十分な点を指摘するのではなく、まず「ありがとう」「あなたがいてくれて助かった」と口に出します。役割を果たすことによって、ほめられたり、感謝されたりする経験を積むようにします。このような経験を通して、自尊感情や自己肯定感、自己効力感を育てるようにするのです。

　騒音などの環境がノイズになる場合には、その子どもが不快と感じる感覚刺激を遮断するような工夫も必要です。ヘッドフォンや、耳栓、サングラスなどで感覚を遮断することで、ノイズを取り除くことができる場合もあります。また、指導者が他の誰かを指導しているときのことばや声の大きさもノイズになることがあります。支援者や指導者は周囲の子どものことも含めて、ノイズになっているものがないかどうかを考えておく必要があります。

エピソード

ノイズ
「小さな声でお願いします」

　自閉症スペクトラムなど発達障害のあるタカオくんは週に一回大学にやってきます。学生たちの研究に協力しているのです。ときどき両手で耳ふさぎをしながらやってくるので、学生たちは耳ふさぎをやめてもらおうと考えました。

　指導教員から、どんなときに耳ふさぎをするのか観察しなさいと言われ観察するようにしたところその原因がわかりました。なんと、タカオくんが耳ふさぎをするのは、指導教員がいるときだけだったのです。あるとき、タカオくんが指導教員の前に来て、いつも使っているコミュニケーションエイドで伝えました。

　「小さな声でお願いします」

　その日から、指導教員は小さな声で対応するようにしたので、タカオくんの耳ふさぎはなくなったのです。

　このエピソードからは、特定の人の声がノイズになる可能性があることを示しています。タカオくんは、感覚過敏があったため指導教員の声が大きすぎるのが嫌だったのです。それを回避するために、耳ふさぎをしていたということです。タカオくんの場合は、コミュニケーションエイドを使うことで回避することができました。

何がノイズになっているのか考えながら、子どもの行動を観察することはとても重要なことだということです。
　学校などで、「元気に大きな声であいさつしましょう」と指導することがあります。そのような指導をしていると、教師の声も大きくなりがちです。しかし、その教師の声の大きさがノイズになることがあるということを忘れてはならないのです。こちらが良かれと思ってしている指導が、子どもにとってノイズとなってしまい、教育の効果があがらないこともあるということです。

まとめ

　子どもの様子をよく見ながら、何がコミュニケーションの成立を邪魔しているのかを考えてみることが大切です。邪魔しているものを自分の力で取り除くことができるように練習しなさいというのは、我慢してコミュニケーションしなさいと言っているようなものです。苦手なコミュニケーションの練習をするのです。そのうえ、物理的なノイズまで、我慢しなさいというのは少し酷ではないでしょうか。

　心理的なノイズは、周囲で支える人間が特に配慮しなければならないことです。大人の側が心理的なノイズをもっていたら、やりとりは成立しないでしょう。偏見などをもたずに子どもに接することが重要です。また、ことばの意味を誤解してしまうこともあります。その場合は、ていねいにそのことばの意味を説明し、意味を取り違えることがないように伝えていくことも重要です。「このように取り違えてしまったことが間違いです」と言って指導するのではなく、「このようにとってしまって困ったね」と説明し、誤解していたことばの意味を説明するのです。

　このような点に注意して接することで、子どもは少しずつセルフエスティーム（自尊心・自己肯定感）を高く保つことができるようになっていくはずです。それは、コミュニケーション意欲にもつながっていくのです。

● コミュニケーションの評価と文脈

フィードバック

　フィードバックとは、送り手が出したメッセージに対して受け手側がどのように評価して、どのように受け止めたのかというメッセージの効果を直接反映する情報のことです。メッセージの一つと考えられます。

　典型的なフィードバックは、顔をしかめる、微笑む、うなずくなどです。つまり、受け手側が伝えられたことに反応して発した非言語的なメッセージということになります。コミュニケーションを円滑にしようと思えば、このフィードバックを敏感に知覚して、それに対して適切に反応することが求められます。

　カッちゃんがユカさんに話をしている場面で考えてみましょう。カッちゃんが話していると、ユカさんはニコニコ笑いなが

ら「それで？」「どうしたの？」「どうなったの？」と笑いながら聞いてきます。このときカッちゃんは、ユカさんがこの話はおもしろいと感じているんだなと理解し、楽しく話を続けることになるでしょう。しかし、カッちゃんが話しているときに、ユカさんがちらっちらっとよそ見をして、その視線の先に時計があったことに気がつくと、ユカさんが時間を気にしているということが伝わるでしょう。そして、話を切りあげるでしょう。このように、フィードバックは送り手の行動に影響を与えることなのです。

フィードバック
発達障害がある子どもが抱える困難さ

　自閉症スペクトラムなど発達障害のある子どもの場合は、このフィードバックを知覚して、適切に反応を返すのが困難なことが多いのです。それは表情などの、非言語的なメッセージを理解することが困難な子どもが多いからです。その結果、「空気を読めない子ども」と言われることがあります。特に、相手が不快と感じて顔をしかめているのに、その感情を理解できなかったりするので、トラブルになることもあります。

　忙しくしているのにまったく意に介さず話をしに来る子どももいたりします。なかなか話をやめることができないために、指導する側は困ります。これは相手の表情などから、非言語的なメッセージを受け取ることができないことに原因があるといえます。

　また、自分の感情を非言語的なメッセージに置き換えて伝えることが苦手な人もいます。そのため、はっきりことばにして言ってしまったりするのです。このことでトラブルになることもあります。相手の気持ちがわからずにものを言ってしまうからです。人の気持ちを想像することが苦手な子どもの場合、自分の感情も理解することが苦手であるといえます。「かなしい」「うれしい」などのことばの意味が理解できないのです。自分

忙しいときにかぎって

の感情を表現することが苦手な子どもの場合、日記に書かれた内容を見るとわかることがあります。日記に「〇〇に行って遊びました。楽しかったです」と書いているので、わかっているなと思ったら、次の日には「今日は、お葬式に行きました。とても楽しかったです」などと書いてしまっていることがあるからです。また、日記の内容がその日の時間割が書かれていて「とても楽しかったです」で終わっている場合や、給食のメニューが書かれていて「とてもおいしかったです」で終わっているような場合がそれにあたります。感情は見えないので、わかりにくいのです。

　自分の感情などに気がつかないと、知らず知らずのうちにストレスをためることになり、限界を超えるとうつのような症状が出てしまうこともあります。感情をことばにすることができれば、楽になる人も多いのです。

フィードバック
必要な支援と指導

　表情を読み取る練習をする必要があります。学校生活のさまざまな場面で、「相手がこのような表情を返してきたときは、こういうことを伝えてきているのですよ」ということを練習するのです。指導する側が、ふだんから表情など視覚的な情報を使ってコミュニケーションの練習をするようにしていくことが大切です。

　また、表情の読み取りができず困難を抱えている子どもにフィードバックするときには、困ったなと感じたときに表情やジェスチャーで伝えると共に「今は困ります」とはっきりと伝えることが大切です。そして、なぜ今困るのかを説明する必要があります。「あなたと話がしたくないわけではないけど、今は○○という理由でできない」ということを伝えることが重要なのです。あわせて、いつなら話に来てもいいのかを伝えることを忘れてはなりません。はっきりと直接的に伝えたら相手を傷つけるのではないかと考えて曖昧な返事をすると、トラブルを大きくしてしまう可能性もあります。また、その子どもがコミュニケーションについて学ぶためのせっかくの機会を失うことにもなりかねません。その子どもが表情から意味を読み取ることができなくて困っている結果と考えて、場面ごとで状況

を具体的に説明して、表情やジェスチャーもあわせて示しながら指導する必要があります。

【写真6】は、感情表現を練習するためのスマートフォンのアプリの一例です。このようなアプリを使うことにより自分の感情も理解できるようにしていくことが重要です。

【写真6】表情アプリ

エピソード

フィードバック
日記の最後は「楽しかったです」

　アキラくんは自閉症スペクトラムなど発達障害のある小学校4年生です。ことばも憶えてきていろいろな場面で使うことができるようになってきました。学校からは毎日、日記の宿題が出ます。しかし、話題は広がりません。日記はいつも「今日学校で○○しました。とても楽しかったです」「給食は○○と○○でした。とてもおいしかったです」ばかりです。

　そこで、日記の表現がひろがるように、先生は指導を工夫しました。数直線を用いて、見えない感情などを表現する練習をしたのです。楽しそうに遊んでいる写真を見せながら、スマートフォンのアプリを使って、楽しいと日記に表現する練習をしたのです。このアプリは数直線上にある印を指で動かすと、画面にあるキャラクターの表情とともに数値で感情が表現されるというものです。繰り返し練習をしていると、日記の表現も変わって来ました。これまでの「遠足に行きました。とても楽しかったです」だけでなく、「今日は遠足に行きました。少し疲れました」という表現もできるようになってきたのです。

　このエピソードは、感情表現なども視覚化して表現する練習をすれば、表現できるようになる可能性を示しています。表現できないのではないのです。表現の方法を知らないということ

なのです。見えない感情なども、視覚化して伝えるようにすると同時に、視覚化して伝えてもらうように練習することも大切です。

　ことばを知らなかったために、自分の気持ちを表現できなかったとき、アキラくんの日記の内容は変化のないものでした。決まったパターンの日記しか書けなかったからです。しかし、感情を表現するためのことばの意味をいくつか知ったとき、日記の内容も広がったのです。自分の感情を表現することばを知ったとき、アキラくんはとてもうれしかったに違いありません。

まとめ

　やりとりしているときのフィードバックに意識がいかないと、やりとりがうまくいっているのか、うまくいっていないのかがわかりません。非言語的なメッセージを理解することが苦手な場合、相手の気持ちや感情も理解できなくなることが多く、その結果、困っているということです。

　まず、自分の気持ちに気づくようにすることが重要です。自分の気持ちに気づくようになれば、他人の気持ちに気づくようにもなります。先のエピソードのように、感情を視覚化することで、日記の表現が広がる例もあります。このようなことの繰り返しが、気持ちに気がつくようになり、その結果、他人のことも考えられるようなっていくのです。他人のことも考えられるようになったとき、相手の非言語的なメッセージにも気づくようになっていきます。

　ここで注意しておかなければならないのは、相手がどのように考えているのかが気になって悩んでしまう場合です。他者の自分に対する評価が気になりすぎて、人との交流を避けるようになってしまわないように注意しなければなりません。

コミュニケーションの評価と文脈

コンテキスト

　コンテキストとは、場面や文脈、状況といった意味合いを含むことばです。対人コミュニケーションは、常に、あるコンテキストのなかで生じています。コミュニケーションはコンテキストのなかで生じるのですが、対人コミュニケーションの際には、コンテキストの制約を強く受ける場合と、そうでない場合があります。たとえば、広い公園で過ごす一時では、強い制約を受けることはありませんが、お葬式や結婚式など冠婚葬祭の場では、その制約を強く受けることになるからです。
　コンテキストには、物理的な次元、時間的 − 空間的な次元、社会的 − 心理的という3つの次元が存在します。物理的な次元とは、コミュニケーションが生じる場を意味します。人と人とのコミュニケーションは、家や教室や運動場、体育館、職員室、

事務室、公園、屋内、屋外、公共の場など、どの場所でコミュニケーション行動が生じるかによって、その影響を強く受けます。時間的－空間的な次元は対人コミュニケーションが、時間的にどの位置で生じるのかということです。時間は短時間のものから、1日、1年、数年と長時間のものまでが含まれます。時間が長くなるにしたがって、コミュニケーションの内容も深くなると考えられます。社会的－心理的次元は、その人が置かれている立場や、文化的習慣などです。社会的な立場の違いによって、対人コミュニケーションは、影響を受けることになります。

コンテキスト
発達障害がある子どもが抱える困難さ

　自閉症スペクトラムなど発達障害のある子どもの場合は、状況を理解することができないためにトラブルになることがあります。コンテキストによる制約が理解できないときにそのようなことが起こります。特に、冠婚葬祭などの場合には、コンテキストの制約による影響は大きくなります。葬式のときに静かにすることができなったり、不適切なことを話してしまったりすることなどは、コンテキストによる制約が理解できなかったことに原因があるといえます。また、コミュニケーションが生じる場所の理解ができていないと、声の大きさを調節することができなかったり、ことば遣いが不適切だったりすることもあります。

　時間的−空間的次元の理解ができていない場合には、初対面の人にプライベートな内容まで尋ねて相手を困惑させてしまったり、距離感などがわからず近づきすぎてしまった結果、相手に誤解されたりするということもあります。

　文脈が読めないことを空気が読めないというように指摘され、傷つく自閉症スペクトラムなど発達障害のある子どもも多くいます。このようなときには、まず文脈が読めなくて困っている子どもたちがいると理解することが大切です。

結 婚 式

コンテキスト
必要な支援と指導

　時間や場所、目的などに応じた状況をつくり、そこでコミュニケーションの練習をすることが大切です。たとえば、職員室などに行く用事を依頼して、そこで、必要なコミュニケーションの練習をするなどが考えられます。適切なことば遣いや態度などを具体的な場面を通して練習するようにするのです。その際、職員室にいる教員にもそのことを理解しておいてもらう必要があります。担任だけではなく、学校全体で共通理解して指導していく必要があります。

　公共の場に行く経験を積むことも重要です。公共施設内でのコンテキストによる制約を経験しながら学ぶようにするのです。そのとき、失敗する経験をするのではなく、うまくいく経験ができるようにすることも大切です。あらかじめルールを学ぶ時間を設けておいて、成功するための支援を考え、実際の場面で成功体験を積むことができるようにすることが大切なのです。もちろん、このようなときには、視覚的な情報も必要になります。ルールを示したものや、手順を示した手順表などが役に立ちます。重要なことは、ルールや手順などを示したものを活用しながら成功体験を積むことができるようにしていくことです。ルールや手順などを示したものを見なくてもできるよう

になればよいという考えで指導している場面に時折、遭遇しますが、そうではなくて、それらを用いながら、適切な行動がとれるようにし、さまざまな場面で活用できるようにして世界を広げていくほうが望ましいといえます。

　距離感についても、具体的に指導する必要があります。視覚的に理解できる距離感は指導しやすいのですが、時間的、心理的な距離感は視覚的に理解できにくいので指導は難しくなります。方法としては、数直線などで位置関係を示しながら、家族はこのくらいの距離、先生はこのくらいの距離というように説明し、立場の違う人を具体的に線上に配置するなどして、視覚的にわかるようにしながら指導する方法が考えられます。

　このように、具体的な場面でさまざまなコンテキストを経験しながら、その場での適切なコミュニケーションの方法について学んでいくということが重要なのです。状況を設定すれば、それでよいというのではありません。そこで、うまくやりとりできるという経験ができるように、指導していかなければならないのです。

エピソード

コンテキスト
「手順表があれば大丈夫」

　ダイちゃんは、小学校2年生です。自閉症スペクトラムの診断を受けています。電気製品が大好きで、今は特にコピー機が好きです。

　担任の先生が事務室から連絡を受けました。「〇〇先生、ダイちゃんが勝手に事務室に入ってきて、黙って勝手にコピーのスイッチを押して何十枚か白紙のコピーをしていましたよ。気をつけてください」というものでした。担任の先生は、ダイちゃんがひとりでコピーできるように練習すればいと考えました。そこで、ダイちゃん専用の写真と文字で示された手順表をつくったのです。もちろん、そこには、事務室への入室の仕方から記入されています。事務室の協力も得て、練習が始まりました。2か月後、ちゃんと自分ひとりでコピーをして教室に戻ってくることができるようになりました。

　このエピソードは、子どもが興味関心のあるものを使ってコンテキストを教えることが可能であることを示しています。コピーは禁止というのではなく、コピーの仕方を教えることによって、その文脈での適切な行動の仕方を教えるようにするのです。このように考えると、設定できる場面はかなりたくさんあるのではないでしょうか。

まとめ

　コンテキストはコミュニケーションするうえでとても重要なものです。対人関係のコミュニケーションは、常にコンテキストのなかで成立しているからです。コンテキストの制約に従わなかったときに、誤解を受けることになるのです。
　コンテキストの制約を理解するためには、いろいろな場面で適切な行動をとって評価される場面をつくることが重要です。さまざまな場面で適切な行動をし、うまくいったという成功体験を積むことです。自分で考えさせようとして失敗させて、そこから学ぶという方法もありますが、叱られただけでは新しい行動を身につけることはできません。コンテキストの制約を受けている場面で適切にふるまうことを学んでいくことが重要なのです。この成功体験が、コンテキストの制約を理解することにつながっていくのです。

コミュニケーションの評価と文脈

経験の場

　経験の場は、対人コミュニケーションしている当事者がどのような経験を今まで積んできたのかということを示すものです。コミュニケーションしている2人の経験が同じであればあるほど、その2者間でのコミュニケーションはより理解しやすいものになっていると考えられます。

　お互いが理解できるコミュニケーションが成立するためには、お互いが共有する経験を積むことができればよいのですが、実際にはそのようにすることは不可能です。しかし、相手を共感的に理解しようとするならば、コミュニケーションは改善されます。相手の立場を少し考えてコミュニケーションするように試みるということです。そのためには、支援者が、自閉症スペクトラムなど発達障害のある子どもがどのように感じ、どの

ような経験を積んできているのかを知る必要があります。

　このようなときに役立つのが疑似体験です。コミュニケーション障害を体験するために、たとえば、半日自分からは音声で話をすることなく過ごしてみたりするのです。たった半日でも体験すると、音声で表出できることがどれだけ便利なことか実感することができます。この便利さを体験していないのに、「声を出して話したら便利だよ」「どうして音声で伝えないの、声を出しましょう」と言っても子どもには通じないということにも気がつくでしょう。他の指導法を考えるきっかけになるはずです。

　また、自閉症スペクトラムのある人たちが、自分のことについて語っている本などもたくさん出版されていて参考になります。当事者の体験していることを知ることから始めてみるのです。

経験の場
発達障害がある子どもが抱える困難さ

　自閉症スペクトラムなど発達障害のある子どもは、相手がどのような経験を積んできているのかが理解できないために、自分の思っている内容で一方的に話しかけてくることがあります。そして、話しかけられた内容がわからないと伝えると、「先生のくせに何もわかっていない」などと言い、聞いている周囲の人の反感をかうことがあります。また、相手も同じように考えているのだろうと勘違いして共感を求めてきますが、実際は同じようには感じていなかったということを知ったときに疎外感をもってしまうこともあります。

　大切なことは、上述のような課題を抱えているために学校や社会のなかで多くの問題に直面しているということを理解し、配慮することです。言い換えると、周囲の人と同じようには経験することができていないために、誤解される経験をしているということです。また、そのことが原因で、トラブルになる経験もしているに違いありません。この感覚のズレについては、多くの場合、自閉症スペクトラムなど発達障害のある当事者が修正を求められることになると考えられます。修正を求められた場合、そのズレが大きくなれば大きくなるほどストレスがたまることになるといえます。

先生のくせに知らないのか

あのねっモンスターがどうたらこうたら

へー

新しい呪文はピーチクパーチク ドロロンボー

？

先生はどれがいい？

ごめん、よくわからないヨ……

三流教師や!!

先生のクセに何もわかってないのかっ

チェッ

ムッ

経験の場 119

経験の場
必要な支援と指導

　まず、指導者や支援者がしなければならないことは、共感的な対応をすることです。これまで、自分とは異なった感じ方でさまざまなものを経験してきていると考えてみることです。そして、歩み寄る方法を提案することです。

　あなたの感じ方は間違ってはいない。しかし、社会で生活するときに、そのような方法で感じていることを表現すると生きにくくなるから、このような方法を提案します。いやなこともあるかもしれないけど、このように表現する方が、生活を楽しむことができるようになるから、ちょっと試しにやってみてと依頼するように考えるのです。

　共感的な対応をするためには、教師や支援者が自閉症スペクトラムなど発達障害のある子どもの感じ方について正しく理解する必要があります。これまでの周囲の反応をネガティブにしか感じることしかできていなかったのかもしれないのです。なぜならば、感じ方や理解の仕方が違ったために、その結果、先生や周囲の子どもたちからの一言で傷ついてきたに違いないからです。では、先生や周囲の子どもたちが悪いかというとそうではなく、これまでは学ぶ機会がなかったということなのです。ですから、これからは発達障害のある子の感じ方について学ん

でいく必要があるということです。

　先にも述べたように自閉症スペクトラムなど発達障害のある人たちが書いた書物や、疑似体験などをすることも理解するうえでは有効な方法です。また、対象となる子ども本人から、考えていることや、そのときの気持ちを聞くことも重要です。どのように感じたのかは、その子どもにしかわからないからです。そのときの感想をまず受け取ることも大切です。感想や考えを聞くときは、うなずきながら共感しようとしながら聞くことも大切です。まずは聞くことから始まるのです。

　また、話題を共有する工夫をすることも重要です。たとえば子どもの経験したことを話題にして話すようにします。その子どもの得意な話題を中心にして話をするようにすれば、コミュニケーションしやすい環境が整います。その子どもが話題を共有して話すことを経験できるようにするのです。子どもの話題に合わせるようにすることで、コミュニケーションの練習がより効果的になります。その結果、人間関係も構築しやすくなるはずです。

――― エピソード ―――

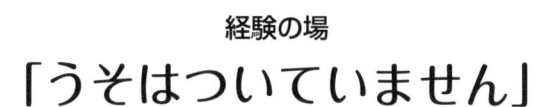

経験の場
「うそはついていません」

　ハナコちゃんは小学校の２年生です。１年生が入学してきたときに学校内を案内することになりました。担当したのはメグミちゃん。手をつないで校内を案内します。

　そのとき、ハナコちゃんは、メグミちゃんの顔を見て「あらーメグミちゃん。あなたってきゅうりのようなかわいいお顔なのね」と言ったのです。メグミちゃんは「私はきゅうりではないわ」と言ったのですが「いや、あなたはきゅうりのようなかわいいお顔なの」と繰り返します。メグミちゃんは家に帰ってお母さんに言いました。「私は、ハナコちゃんにきゅうりの顔って言われる」。

　毎日のように言われているようなので、お母さんは担任の先生に、娘がハナコちゃんにきゅうりのようなお顔って言われているということを伝えました。

　担任の先生は、ハナコちゃんに、「メグミちゃんに、きゅうりの顔って言ってはいけません」と注意しましたが、ハナコちゃんは「そんなことは言っていっていない」と言います。先生は、「うそはいけません」と繰り返しますが「言っていません」の一点張りです。

　「じゃあ、なんて言ったの？」と聞くと「私は、きゅうりの

ようなかわいいお顔なのねと言いました」「ほら言ってるじゃないの」。「私は、きゅうりのような顔とは言っていません。きゅうりのようなかわいいお顔と言いました」「そういうのを屁理屈と言うんです。ハナコちゃんは、きゅうりのような顔って言われたいですか？」「言われたくありません」「ほらごらんなさい。なぜ言われたくないの？　いやでしょう？」。ハナコちゃんは「私はメグミちゃんと同じ顔ではないからです。顔がまるいので、かぼちゃだったら似ているからいいです」と答えました。

　このエピソードは、2つのことを物語っています。1つは相手の気持がわからなかったために、メグミちゃんの顔をきゅう

りと表現したこと。2つ目は、自分の言った一字一句をとらえて「そんなことは言っていません」と答えたことです。

　ここでは、2つ目の「そんなことは言っていません」とハナコちゃんが言ったことについて考えてみます。先生は、ハナコちゃんの心が育っていないと感じたようですが、そうではありません。

　ハナコちゃんは、自分の言ったことばを一字一句細かくとらえて、同じようには言っていませんと言ったのです。周囲の人には屁理屈と聞こえてしまうでしょうが、その子どもの特性を考えたら、そのように答えることもあると理解しておいたほうがよいのです。ハナコちゃんの最後のことばから、悪口を言ったのではないということは明らかです。思ったことをそのまま言ったということなのです。相手の気持ちを読み取ることができなかったからです。

　このような場合はまず「細かくとらえたんだね」と考えて、共感的に受け入れることが大切です。そのうえで、不適切な場合は、どのように言えばよいのかを教えていきます。この場合は、人の顔を動物や野菜に置き換えて話すことは、よくないと伝えることです。

まとめ

　発達障害等のある子どもたちが、自分とは異なった経験を積んでいるに違いないと考えて接することができれば、大人はこれまで以上に共感的に関わることができるようになります。周囲の人に受け入れられない不適切な行動をした場合でも、やさしく対応することができるのではないでしょうか。

　これまでの経験から学んできたことによって築きあげられた知識をもとにして、私たちは生活で経験するさまざまな場面に対応しています。このとき、これまでの経験の質が大きく影響することになるのです。うまくいった経験をたくさん積んでいるほうが、その経験を活かして対応できるレパートリーも多くなると考えられます。また、ネガティブな経験を繰り返していたとすると、自信をなくしてしまい行動そのものを起こせなかったり、また、周囲の人に受け入れられない不適切な行動になってしまったりすることになるのです。

　発達障害のある子どもたちは、周囲の人を困らせようとして、周囲に受け入れられない行動をしているのではありません。これまでの経験から学んできたことがそのような結果をもたらしているということを知っておく必要があります。周囲の人に受け入れられる経験もとても大切なものです。

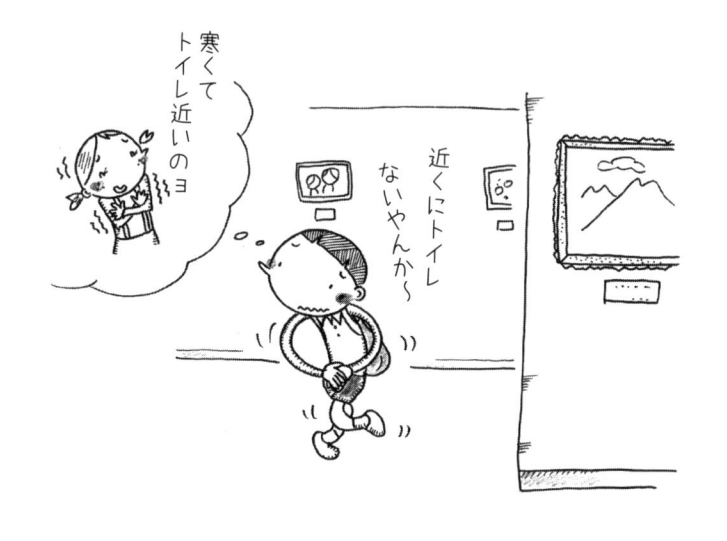

符号化と符号解読ができていないと……①

第3章

コミュニケーションのコツ

押さえておきたい10の視点

私がこれまでに経験したいくつかの事例から、コミュニケーションについて考えてきました。
ここでは、コミュニケーションするために押さえておきたいコツを説明しながら、エピソードとともに考えてみたいと思います。

コミュニケーションのコツ ❶
知っていても言わないほうがいいという場合があることを伝える

　対人関係を築くうえで、大切な役割を果たすコミュニケーションなのですが、第2章でも述べてきたように、それが対人関係を簡単に壊してしまうこともあります。人との関係をつくっていくうえで、言ってよいことと言ってはならないことがあるからです。このことを知っておかないと、知っていることは何でも話してしまうことからトラブルになり、人間関係を築くことができなくなることがあるのです。

　しかし、「何は」言ってもよい内容で、「何は」言ってはいけない内容なのかということを、具体的に教える場面が少ないのが現状でしょう。それを、コミュニケーションで困っている子どもに「自分で考えたらわかるだろう」と言っても無理な話なのです。それがわかるくらいなら、コミュニケーションでつまずくことはないはずです。支援する側は、子どもが困っていることを解決できるように具体的な提案をしていかなければなりません。そのひとつのポイントが知っていても言わないほうがいいことがあるということを教えるということです。

エピソード　正直に言いなさい。嘘はいけません

　マモルくんは学校の先生から「うそは泥棒の始まりです、うそをつくのはよくないことです。正直に言うのがいいのです」と教えられたことがあります。小学校の低学年の学級会のときです。マモルくんは「うそをつくのはいけないことだ」ということを学びました。そのときからマモルくんの悩みは始まったのです。

　算数のテストを返してもらったときのことです。マモルくんはもちろん100点、隣の席のユキちゃんは58点でした。マモルくんはユキちゃんの点数を見て「ユキちゃんはどうして58点なの？　これって学校で習ったところばかりなのに、わからなかったの？」と言ってしまったのです。ユキちゃんは泣き出してしまいました。

　マモルくんは先生に呼ばれました。「どうしてあんなことを言うのですか？　ユキちゃんも一生懸命に勉強しています。余計なことは言わないようにしなさい」とマモルくんは言われたのですが、それがどういうことなのかわかりません。正直に言ったのに叱られることになってしまったのです。「うそはいけないことだ」と教育されたので正直に言ったのですが、このような結果になってしまったのです。

　このエピソードからわかることは、なんでも正直に言えばよいかというと、そうではないということです。人のテストの点数やその人の個人情報に関することは、知っていても言わないと教えておかなくてはなりません。大切なのはどのようなことが個人情報になるのか具体的に伝えておくことです。体型や髪

129

型なども、個人情報の一つであると伝える必要があります。指摘されることで、傷つく子どももいると考えられます。思っていることを正直に言ったことが、人間関係を崩すことになるということを知ってもらわないといけませんが、その意味が理解できたからといって解決するものではありません。そこで具体的な行動を示すことで解決していく方法を提案するのです。マモルくんは、個人情報にはどのようなものがあるのかを具体的に教えてもらってからは、それ以後、同様のトラブルは少なくなりました。

コミュニケーションのコツ ❷

その表現やことばが意味していることを理解できるように伝える

　ことばを字義通りに受け取ることが多い子どもにとっては、伝えられたことばの意味を取り違えてしまうことがしばしばあります。その結果、トラブルになってしまい人間関係がギクシャクする経験も多くしています。
　音声表出によることばを話すことができない子どもの場合には、視覚的にわかりやすく伝えるためにシンボルや具体物を用いて構造化して伝える方法が有効であることがわかっているので、構造化する方法を取り入れて伝える工夫をしている人も多くなってきました。
　しかし、音声表出によることばのやりとりができる子どもの場合、音声表出によることばで伝えたことが、こちらの意図通りに伝わっていると思ってしまうため、意味を取り違えたときの影響よりは大きくなることが考えられます。そのため、支援する側は、こちらの意図した通りにことばの意味が伝わっているのかを確認しながらやりとりする必要があります。子どもたちの間で意図の取り違えが原因でトラブルになっている場合には、文脈を考えながら、そこで発せられたことばの意味を理解できるように伝える役割を担う必要もあるでしょう。コミュニ

ケーションの送り手として困っている場合も、受け手として困っている場合も同様です。

エピソード　目を見て話しなさい

　ヒロシくんは、ある集会のときに先生が「先生の目を見ていますか？　話を聞くときは目を見ましょう。みんなの目が先生の方に向いています。とてもいいですね。お話をするときもしっかり目を見て話しますよ。いいですか？」と言っているのを聞きました。ヒロシくんは、話をしたり聞いたりするときには相手の目を見るのがいいのだということを教えられたのです。ヒロシくんの悩みはこのときから始まりました。

　あるとき、アヤちゃんと話をしていたときのことです。アヤちゃんから「どうしてジロジロ見ながら話すのよ、気持ちが悪いからやめてよ」と言われたのです。他のクラスメイトからも同じように言われるようになりました。ヒロシくんは、先生に言われたとおりにしていたのです。ヒロシくんはなぜそのように言われるのかわかりませんでしたが、自分がよく思われていないのではないかと考えるようになりました。

　このエピソードは、先生が教えたとおりにすることが必ずしも人間関係を整えることにはならないということを示しています。これから先も生きていくのですから、対人関係を築くことはとても重要です。目をじっと見ながら話をする自閉症スペクトラムなど発達障害のある子どもは少なくありません。それは話すときには目を見なければならないと思っているからです。また、反対に、話すときには、目を見なければならないから話

ができないという子どももいます。このような場合は、どこを見て話せばよいのかを教えることが大切です。顎のあたりを見るとか、ネクタイの結び目を見るなどというように、話すときに見る場所を教えることで解決できることがあります。ヒロシくんも、顎を見て話せばよいよという指導を受けてからは、相手の目をじっと見ることがなくなりました。「話を聞くときは目を見ましょう」といってもかまわないのですが、それは、話の相手の方向を見ましょうという意味です。そのことばがどういう意味をもっているのかということを正確に伝えることはとても大切なことです。

コミュニケーションのコツ ❸

納得して終わることができるように工夫をする

　物事の終わりを伝えることはとても大切なことです。終わりをうまく伝えることができないことが原因でトラブルになることは、支援する側の誰もが多く経験していることです。たとえばゲームが終われなかったり、読書をやめることができなかったりする場合などです。とりわけ、支援する側の都合で終わらせようとしたときにトラブルになることが多いように感じます。このような場合、その子どもは「わがままな子ども」というように言われることが多くあると思われます。しかし、本当にその子はわがままなのでしょうか。

　なぜ、その子は何かの活動を終わることができないのでしょうか。自分自身を振り返って考えてみると、終わるときには自分で納得するという作業をしていることがわかります。本を読むのを途中でやめるときにも、テレビを見るのを途中でやめるときにも、自分のなかで何か理由をつけて納得するという作業をしているのです。つまり、納得できない場合は終わることができないということです。子どもがしていることを終われないのは、終わることが納得できていないからなのです。

　終わりを納得できるように伝えることができれば、一つの活

動を終えることができ、次の活動につなげることができるようになります。当然トラブルも少なくなり、わがままと評価されることもなくなります。

エピソード　いつまで反省すればいいの？

　クラスメイトとケンカをしてしまったイチロウくん。蹴った椅子が、相手の足にあたってけがをさせてしまいました。担任の先生は、「椅子を蹴ったりしたら、こんなことになって危ないでしょ。このことについては、ずっと反省しなければなりませんよ」とイチロウくんに言いました。それを聞いたイチロウくんは、泣きだしてしまいました。「ぼくは、反省したんです。ずっとって言われたって、いつまで反省すればいいのですか？他にもしなければならないことがあるのに、ずっと反省はできません」。

　このエピソードは、終わりを示すことの大切さを教えてくれます。自閉症スペクトラムなど発達障害のある人の場合、終わりを伝えることが特に重要なのです。終わりがわからないと、不安になるからです。このエピソードの場合も、反省することの終わりがわからなかったから、このようなやりとりになってしまったのです。この場合、「椅子を蹴ったりしないでくださいね」と紙に書いて約束し、その後に「これで、ケンカのことについては反省を終わります」というように、終わりを示すことが重要です。

　翌日学校にやってきたときには、そのケンカがなかったかのように行動しているイチロウくんを見ると、先生はイチロウく

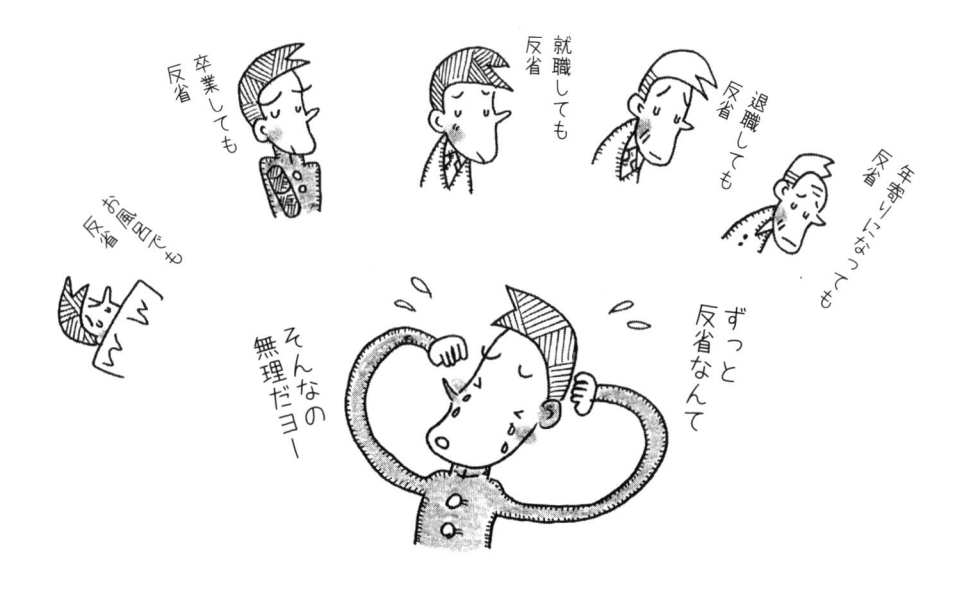

んは反省していないのではないかと考えてしまうかもしれません。そして、「お前は何も反省してないんやな」と言いたくなるかもしれません。しかし、それを言ってはいけません。彼のなかでは終わったことだからです。このように周囲が理解することはとても重要です。

コミュニケーションのコツ ❹

具体的に伝える

　ある文脈のなかでコミュニケーションが行われ、成立するということは第2章で説明しました。やりとりしている文脈が理解できていれば、そこで伝えられたことばにどのような意味がこめられているのかも理解することができます。しかし、やりとりしている文脈がわからないと、伝えられたことばの意味もわからなくなってしまいます。ことばの意味はその文脈に依存することが多いからです。ことばの意味がわからなくなってしまった結果、相手が期待している行動とは異なる行動をしてしまいトラブルになることがあります。

　また、自分が今している行動が周囲の人にどのように見られているのか、どのように感じられているのかがわからない場合は、周囲の人たちから奇異な目で見られ「あの人は変な人」という評価をされてしまうこともあります。しかし、支援する側が、伝え方を工夫することでトラブルにならずに済むのであればそれに越したことはありません。その人に合った文脈の伝え方を工夫するということです。つまりその工夫の一つに、できるだけ具体的に伝えるという方法があります。具体的に伝えることで、こちらが期待した行動を引き出すことができるのです。

エピソード　起きなさい

　朝、子どもを起こすときのことです。「起きなさい」と言っても起きないのです。繰り返し起こしますが、起きません。子どもに「起きなさいと言ってるでしょ！」というと、子どもは「起きてる」といいます。「起きてない」と言うと、「起きてるのに、うるさい」といって怒り出しました。しばらくたってもまだ起きてこないので、「起きなさいと言ってるでしょ！」とさらに言い、同じことの繰り返しです。子どもは「お母さんは、うるさすぎる」といいます。

　このエピソードは、子どもが理解していることと、大人がそのことばを使って意味するものとの間にズレが生じていることを示しています。大人は、「起きなさい」が意味するものとして、起きて、着替えて、食事に来るというようなことまでを含んでいるのですが、子どものほうに伝わっているのは、目が覚めているということなので「起きている」と答えているのです。このようなずれは日常生活のいたるところで見られます。

　その結果、「ぼくのことをわかってくれない」ということになり、人間関係は悪くなります。このようなときは、もっと具体的に伝える必要があります。この場合は、「起き上がりなさい」というようにすることで解決しました。起き上がるということばがお互いに意味するものが同じだからです。具体的な行動がわかるように伝えることで解決したやりとりなのでした。

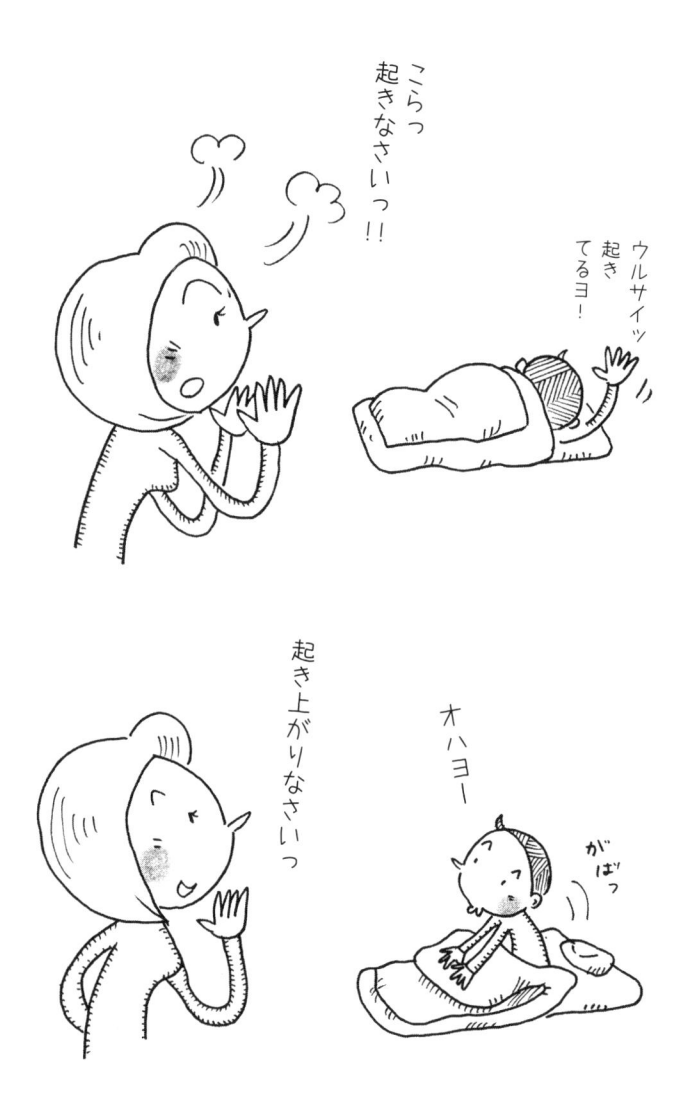

コミュニケーションのコツ ❺

どのタイミングで伝えたらいいのか理解できるように伝える

　情報などを伝えるにはタイミングがあります。コミュニケーションが苦手な子どものなかには、どのタイミングで情報を伝えたらよいのかがわからないため、そのタイミングが悪くなってトラブルになることがあります。自分から発信はできるのですが、タイミングがわからないのです。

　その結果、「あの子は非常識な子だ」とか「なぜ、もっと人のことを考えないのだ」というような評価になってしまう場合もあります。しかし、相手がどのように感じるのか、あるいは伝えた結果どのようなことが起こるのかを想像するのが苦手な子どもの場合、「ちゃんと伝えたのに、なぜ非常識だなんて言われるのか、わからない」と考え込んでしまい、悩んでしまうことになります。

　伝えるタイミングがずれてしまったために非常識な行動と感じられるときは、「もっと常識を考えなさい」と指導するのではなく、具体的にどのタイミングで伝えればよかったのかを教えていくことが大切です。

エピソード　今から友だち連れて帰るからね

　夏休みです。東京の大学に下宿しているトオルさんが、福岡の実家に帰省することになりました。今回は、友人3人も一緒です。その前、5月の連休に帰省したときに、何の連絡もせずに帰省したら、お母さんから「帰る前には連絡しなさい。そうしないと困るでしょ」と言われていたことをしっかり覚えていたトオルさん。家の100メートルくらい手前まで来たときに、家に電話をしました。

トオルさん　　「今から帰るから」
お母さん　　　「遠いから気をつけて帰ってくるのよ」
トオルさん　　「近いけど、気をつけて帰ります」
お母さん　　　「何でもいいけど気をつけて帰るのよ」
トオルさん　　「はい」

　電話を切ってから1分もたたないうちに、友だち3人を連れたトオルさんが玄関の戸を開けました。

トオルさん　　「ただいまー」
おかあさん　　「……」

　このエピソードは、どんな情報をどのタイミングで発信すればよいのかがわからなかったことを示しています。帰省などに関する情報は、帰省先が困らないようにするために伝えるものです。そのため、情報を発信するタイミングがありますが、時間的なことまで考慮して伝えることができていなかったということです。

このようなときには、「帰省するための電車や飛行機に乗る10分前に電話をしましょう」「友人の家など訪ねるときには、訪問の日時を友人と決めた後で、約束の時間の10分前に相手に電話をしてから訪ねましょう」というように「～しましょう」と伝えて、練習することが大切です。

コミュニケーションのコツ ❻

思い込んでいることに気がつけるように伝える

　ことばを自分流に解釈して、思い込んでしまっていることが原因でトラブルになることがあります。ことばの意味を自分で決めてしまっているために、その解釈が一方的になり、相手の言っていることを受け入れられなくなっていることに原因があります。その結果、悩んだり、落ち込んだりすることもあります。

　このような場合は、思い込みによって誤解している「ことば」をその状況に応じて意味を変化させて理解できるようにしていく必要があります。「このような状況で、このように言われた場合、このことばはこのような意味になるんだよ」と具体的に伝えていくのです。つまり「あなたは誤解しているんだよ」と伝えるのです。

　このとき、注意しなければならないのは、「その解釈は間違っている」「ひねくれて考えなくてもいいです」というように、否定的なことばを使ってやりとりするのは避けるということです。まず「そのように受け取ったんだね」「そのように感じたんだね」と肯定的に受け取ってから、「実は、このことばにはね……」というように続けていくのです。これは子どもが自己肯定感をもつことができるようにするためです。自己肯定感が

感じられない状況では、聞き入れることも困難になります。まず、子どもの解釈を認めてから、その後にまちがいを伝えることが重要です。それでも、なかなか受入れて納得してくれないこともあるかもしれませんが、そのような場合には支援する側が、根気強く対応していくことが求められます。

エピソード　お世辞は嫌いなので

　ツトムくんが新しい服を着てきました。明るい緑色のブルゾンです。それを見た、塾の先生が、「ツトムさんのその緑のブルゾンよく似合って、すてきだねー」と声をかけました。

ツトムくん　「ぼくはお世辞は嫌いです」
先生　　　　「本当に似合っているよ」
ツトムくん　「だから、お世辞は嫌いです。そういうのをお世辞
　　　　　　というのがわからないのですか」
先生　　　　「……」

　このエピソードは、ツトムくんの自己肯定感の低さを示しています。ほめられてもそれが本当かどうかわからないので、お世辞と考えるようにしているのです。これまでに、お世辞を言われたときに、それを本当だと思ったためにからかわれた経験がありました。そのような経験は嫌な経験として残るので、そうした経験をしないようにするために、すべてお世辞というように理解しようとしているのです。
　また、服が似合っているかどうかの基準が定かでないことも

原因です。このような場合は、まず、自己肯定感を高めるような指導を積み重ねていくことが重要です。そして、「この人が言うことはお世辞ではないよ」とわかるためには、誰が言ったかを確認するのも大切なことかもしれません。

コミュニケーションのコツ ❼

子ども一人ひとりに合わせた対応をする

　子どものありのままを知ることはとても重要なことです。できること、できないこと、そしてできそうなことを知ることがよりよい指導につながるからです。また、子どもが興味・関心のあるものや好きなものなど知っておくと、共通の話題でコミュニケーションできることも増えます。

　コミュニケーションが苦手な子どものなかに知的能力がとても高い子どもがいます。休み時間には図書室に行って本や図鑑を読んだり、見たりするために、友だちと関わる様子が見られないこともあります。支援する側は、何とか同世代の他の子どもたちと遊ばせようとするのですが、うまくいかないことも多いのではないでしょうか。話も、恐竜や電車の話ばかりに集中し広がりが見られなかったり、加えて運動が得意でなかったりすると外にも出ることが少なくなります。このような子どもの場合、遊びの場をつくることによって、人との関わりやコミュニケーションの練習をしようとしても無理があります。支援する側が、遊びと思っていることがその子どもたちにとっては遊びと感じられていないからです。

　このような子どもの場合には、遊び以外の場面で人と関わる

ことができるように機会をつくっていくことが重要です。たとえば、役割を与えて、その役割を果たす場面で人と関わることができるように練習していくことなども考えられます。対人関係やコミュニケーションの実態をアセスメントして、指導方法や支援の方法を考えていくことが大切なのです。

エピソード　諸説あります

　4歳になるショウタさんは恐竜が大好きです。保育園では恐竜を並べて遊んでいたり、恐竜の図鑑を読んで時間を過ごすことが多いのです。お母さんも保育士も他の子どもと関わって遊ばないので心配です。
　何とか遊ばせる方法はないでしょうかとの相談がありました。

「ショウタさん。この恐竜の名前は何？」
「トリケラトプスです」
「これは？」
「これはねー。ブラキオサウルス」
「いろいろ知ってるねー。じゃあ、ショウタさんに聞くけど。恐竜が絶滅した理由は何？」
「諸説あります。隕石衝突説と火山爆発説と新型ウイルス説などがありますが、どれが本当の理由かはまだわかっておりません。以上」

　これではショウタさんが、他の子どもたちと一緒に遊ぶことができるわけがありません。

諸説あります。隕石衝突説と新型ウイルス説など……以上。

おままごとで、「ショウタさんは、お父さんね」と言われたら「ぼくは子どもなのでお父さんではありません」と言うでしょう。

このエピソードは、子ども同士を遊ばせることの困難さを物語っています。このような場合は、何とか遊ばせるようにしたいと考えるのではなく、人との関わりをもてるようにしようと考えたほうがアイデアが浮かんできます。無理やり子ども同士で遊ばさなくてもいいのです。

たとえば、一緒に机を運んでもらうとか、食器を運んでもらうとかいったようなことです。他の人を意識することができるきっかけをつくるように考えていくことが重要なのです。

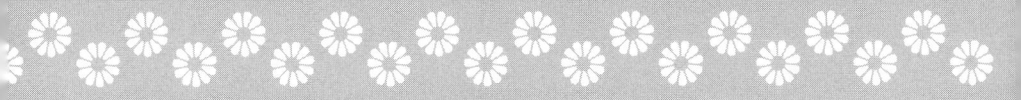

コミュニケーションのコツ ❽

経験する機会を増やす

　コミュニケーションするうえでいろいろな知識をもっておくことはとても重要なことです。知識は机上の学習でも身につけることはできますが、日常生活に必要な知識は、知っているだけではなく、それを活用できるようにすることが重要で、そのためには経験しておく必要があります。子どもたちのなかには、知識としては知っているけれど、実際の生活には生かすことができていない子どもがいます。これは、実体験として経験できていないために、知ってはいるけれど理解はできていないということなのです。その結果、コミュニケーションする際にも、困ることが多々出てきます。
　思っていることがうまく伝わるということは、送り手が伝えようとする内容と受け手にある知識が同じときにのみ起こります。このとき受け手は、自分が経験したことによってつくりあげられたものの見方や考え方を総動員して伝えられたことを理解しようとします。しかし、経験知が少ない場合、総動員した知識だけでは理解できないことも多いのです。このような問題を解決するためには、いろいろ経験することです。そのとき支援する側は、子どもが自ら積極的に関わっていく経験ができる

ように工夫することが大切です。自分からアクティブに関わっていく経験を重ねることが、コミュニケーションに困らない知識を身につけることにつながるからです。

エピソード　服を合わせなさいよ

　ひとり暮らしを始めたカトウくん。新しい服を買いに行くことにしました。しかし、それまでひとりで服を買いに行った経験はありません。いつもお母さんが用意してくれた服を着ていたので、買いに行く必要がなかったからです。そこでカトウくんは家に電話を入れました。

カトウくん　　「服はどうやって買えばいいの？」
母親　　　　　「自分の体に合った服を買えばいいのよ。店員さんがちゃんと教えてくれるから」
カトウくん　　「自分の体に合わせればいいんだね」
母親　　　　　「そうよ、ちゃんと合わせてから買うんですよ」
カトウくん　　「ありがとう」

　ブティックに行ったカトウくん、さっそく気に入った服を見つけて棚から取り出しました。そして、それを店の床の上にていねいに広げて、その上に寝て体を合わせて

カトウくん　　「店員さーん」
店員　　　　　「はい、ただいま」
カトウくん　　「この服、体に合っているかどうか教えてください」

店員　　　　「…………」

　このエピソードは、経験不足からくるものです。「合わせる」ということばをこれまでの経験から考えると、型はめなどでマッチングさせるということだったのでしょう。重ね合わせた経験で判断してしまった結果なのです。これなども、いろいろ経験しておくことで解決できた問題だといえます。

コミュニケーションのコツ ❾

忘れてもいいということを伝える

　発達障害などがある人のなかには、忘れることができなくて困っている人がいます。小学校で言われたいやなことを、大人になっても記憶しているのです。私の経験からいえば、過去のつらかったことを覚えていることが多いようです。忘れるということは、生活を送っていくうえでとても大切なことなのですが、忘れることができないために、さまざまな苦労をすることになります。

　フラッシュバックといって、いやなことを思い出してしまい、パニックになることもあります。このようなときは、「忘れたらいいのよ」と伝えるだけではなく、忘れるための具体的な方法を練習する必要があります。

　たとえば、忘れる方法として「水に流す」があります。忘れたいことをトイレットペーパーに書いて水に流すのです。「このような儀式をすることが忘れるということです」と伝えるのです。辞書で「水に流す」というところを読んでもらって、納得してもらうことも1つの方法です。

　このように具体的な方法を提案することで解決できることはたくさんあります。ゴミ箱に捨てるとか、シュレッダーで細か

くするという方法もよいのですが、燃やすという方法はやめましょう。場所に関係なく、忘れるという理由で火をつけてしまうとも考えられるからです。

エピソード　甘いものを食べた後は

　ササキくんは大学生になりました。研究室の学生たちがケーキを買ってきたので、みんなで食べることにしました。佐々木くんはほしそうにしているのですが食べません。そこで、

ゼミの先生が「ササキくん、ほしくないの？」
ササキくん　「ほしいです」
ゼミの先生　「じゃあ、食べればいいよ」
ササキくん　「故あって食べることができません」

　結局、ササキくんは食べることができませんでした。
　食べ終わってから、

ゼミの先生　「どうして食べなかったの？」
ササキくん　「故あって食べることができなかったのです」
ゼミの先生　「故っていったい何？」
ササキくん　「小学校1年生のときの担任の先生が、甘いものを食べた後は、3分以内に歯を磨かないと虫歯になりますと教えてくれました。ぼくは、本日歯磨きをもっていないために、そのケーキを食べることができなかったのです」

このエピソードは、過去に言われたことをしっかり覚えていて、場合によってはそれをずっと実行していることもあるということを示しています。そのくらい真面目な人が多いということかもしれません。ひょっとしたら冗談で言ったことも実行している人がいるかもしれません。指導者は、冗談で言ったことなどもどのように伝わったのか場合によっては確認することが大切です。

コミュニケーションのコツ❿

納得できる伝え方になるよう工夫する

　コミュニケーションがうまくいかないために、納得できないまま物事がすすんでしまい、どうしようもなくなったときに爆発してトラブルになることがあります。また、納得できないままモヤモヤしていることが続いている場合もあるかもしれません。モヤモヤしている状態のままでは、生活に支障をきたすこともあるでしょう。また、周囲の人に迷惑をかける行動につながることもあるのではないかと思われます。こだわり行動としてあらわれてしまうこともあります。

　このようなときは、本人が十分に納得できていないのではないかと考えて、納得できるように工夫して伝えることが大切です。納得できていないことが原因で、こだわってしまっていることがあるからです。

　たとえば、手に何かを持っていないと落ち着かない子どもの場合、手にものを持つことにこだわりがあるというように考えますが、同時に、どのように納得してもらえれば、手に持っているものを別のところに置くことができるだろうかと考えてみましょう。「これは持っていてはいけません」といって取りあげてしまうのではなく、「授業中はここに置いておきましょう」

と伝えて、見える位置に置き場をつくるなどするのです。場合によっては、なぜ今は置いておいたほうがいいのか、順をおって絵などを描いて説明し、納得できるようにすることも必要です。

誰でも納得できなければ、周囲が期待するような行動ができるわけがないからです。

エピソード　引退式

トキオくんは、靴にこだわりがあります。気に入った靴を破れても履いているのです。靴の前に穴が開き、指はすべて見えています。それでも靴を変えません。

お母さんは、トキオくんと一緒に新しい靴を買ってもみました。その靴も気に入っているはずなのですが、新しい靴に変えることができないのです。誕生日を機に変えようとしましたがうまくいきませんでした。月の変わり目でもうまくいきませんでした。

そこで、靴の引退式をしようということになりました。履いていた靴に感謝をこめて引退式をすることにしたのです。

学校の先生に引退式の式次第をつくってもらい。引退式を行いました。

「それではただいまから、トキオくんの靴の引退式を始めます」
「起立、礼、着席」
「靴へのことば」
　………………

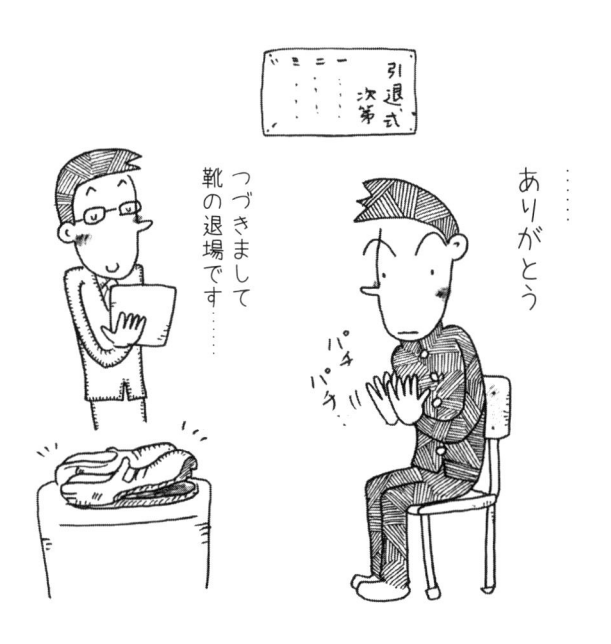

「それでは、以上をもちまして靴の引退式を終わります。
「起立、礼、着席」
「靴の退場です。みなさま拍手で送ってください」
　パチパチパチ……

　なんと、その日の帰りからトキオくんは靴を変えて帰ることができたのです。
　このエピソードは、終わりをはっきりさせることの重要性を示しています。終わりをちゃんと認識することができれば、納得することができるのです。納得しないままに、終わりを強要すると、やはり終われていないので、いつまでも引きずることになります。このような儀式をすることは、終わりを理解するうえで重要なことなのです。

符号化と符号解読ができていないと……②

第4章

もっとコミュニケーション

障害のある人とのコミュニケーションに悩んでいる人もいるでしょう。そうだとわかっていても実行できない人もいるでしょう。

ここでは、もっとコミュニケーションできるようにするためには、どのように考えてみたらよいのか。ちょっとした提案をしたいと思います。

1節 指導者として、大人として

　ここまで、コミュニケーションが成立するために必要な要素を考えながら、エピソードも交えて考えてきました。自閉症スペクトラムなど発達障害のある子どもが、どのように受け取って、どのように解釈し、どんなことに困っているのかが少しわかったのではないかと思います。また、解決するためのアイデアなども少し思い浮かべることができたのではないでしょうか。思い浮かんだアイデアを少しでも実践することができれば、コミュニケーションすることについて悩んでいる子どもたちを救うことができることになります。

　コミュニケーションは、人間関係を築くうえでもっとも重要な要素の一つです。ここに課題がある子どもの問題は、単にコミュニケーションだけでなく、対人関係を含む社会性にまで問題のひろがりを示してしまいます。しかし、それは、自閉症スペクトラムなど発達障害のある子どもだけの問題ではありません。その特性を理解しないまま関わっていく指導者や大人の課題でもあるのです。うまくやりとりをするためには、やりとりが上手な人が相手に合わせなくてはなりません。児童生徒と教師という立場に違いがある場合、相手に合わせるのは当然教師の役割となるでしょう。それは、ただ、自閉症スペクトラムなど発達障害のある子どもの言うとおりにすればよいということ

ではありません。自閉症スペクトラムなど発達障害のある子どもの特性を理解して、適切なコミュニケーション行動がとれるように教育していくということなのです。

2節 コミュニケーションの練習をする際の配慮点

　対象としている人のコミュニケーションの課題が明らかになってくると、今度は、目標を設定して練習することが大切になります。その際に配慮することがあります。それを少し整理しておきます。
　大切なことは、課題を明らかにするときにも、練習内容を示すときにも視覚的な情報を使って伝えるようにするということです。聞いていることをよく理解していると思える場合でも、視覚的に情報を整理しながら伝えていくことはとても大切です。聞いていても理解できていないことが多いからです。
　もう一つ大切なことは、その人が困っていることを肯定的に受け止めることです。「そんなことはだめ」と否定的に考えるのではなく、「こんなふうに理解したんだね。それは困ったね。今度からこのようにするのがいいよ」と提案するのです。このときにも、理解した内容や、提案した方法を視覚的にわかりやすく伝えることは当然のことです。こんなときには、マインド

マップという方法も役に立ちます。【写真7】のようにマインドマップのソフトも出ています。パソコンで整理しながら伝えていくという方法も効果的です。

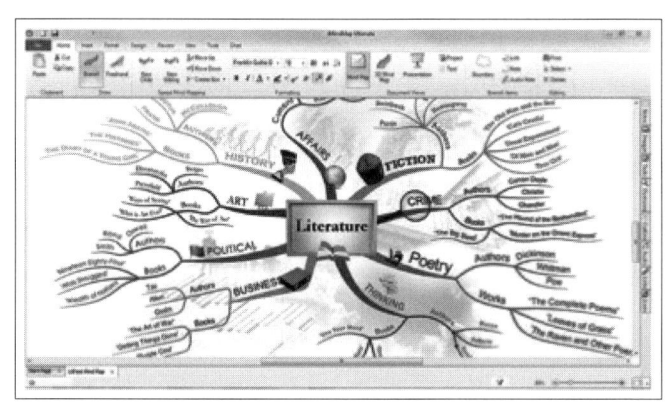

【写真7】マインドマップ

　私は、ふだんよく関わっている発達障害のある知人との間でコミュニケーションが成り立たなくなった場合には、相手と一緒に笑うようにしています。「こんなことがすれ違いだったんだね」と、すれ違ったことを共有するためです。コミュニケーションする際の失敗はそんなに深刻なものではないのです。もちろん、一度発したメッセージをなかったことにすることはできませんが、新しいメッセージを伝えることで、多くの場合修復することが可能だからです。

　なぜならば、コミュニケーションのすれ違いは多くの場合、誤解が生んでいることだからです。ちょっとした理解のすれ違いによる誤解なのです。ですから、修復のための工夫をすることで誤解を解消することができるはずです。このとき、コミュニケーションを苦手としていない人のほうが修復の工夫を考え

る必要があります。コミュニケーションが苦手な人が誤解を解くための修復方法を考え、それを実行することは、とてもエネルギーのいることなので、それを相手に求めると、ますますコミュニケーションすることが苦手になってしまいます。どの世界でも、得意としている側の人間がそれを得意としていない相手に合わせることができれば、それだけで解決することは多いのです。

3節 子どもが何を伝えたいのか？

　障害のある子どもたちを指導するとき、こちらの言うことを理解して動けていればそれがよいのだと考えて指導することがあります。「こんなこともできないのに、自分の意見など言えないでしょ」「自分の意見を言うのは10年早いです」というように考えているからかもしれません。また、発音が不明瞭な子どもに「はっきり言いなさい」「それじゃあ伝わらないわよ」と言って指導している場面にもよく出会います。教師はきっと、指導すべき目標があって、それを目指しているため、そのような言い方の指導になるのかもしれません。

　しかし、子どもにも言い分があるのではないでしょうか。伝えたいことがあるのではないでしょうか。もっと簡単に伝われ

ばいいと思っているのではないでしょうか。前述のような指導をしているだけでは、子どものコミュニケーション能力は向上しません。伝わったという経験をすることが少なくなるからです。伝わったという実感を得ることができて、初めてコミュニケーションの意欲が大きくなるのです。特に障害の重い子どもの場合は、コミュニケーション環境が整っていないところで、失敗から試行錯誤して新しい方法を学び、身につけていくということは難しいのです。伝わったという経験を繰り返すことが重要なのです。

　子どもは何を言いたかったのだろうと考えてみてください。その子に深く関わったら、その子どもの望みをかなえたいと思いませんか。その子の代弁者になってみようと思いませんか。子どもの願いを少しでもかなえることができる大人であるべきだと思います。

4節　もし同じことで悩んでいるとしたら

　本書を読んだ人のなかには、自分にも思い当たることがあると感じられた人がいるかもしれません。同じことで悩んでいる人がいるかもしれません。しかし、悩むことはありません。あなたが悪いのではないからです。しかし、思い悩むことを少な

くしようと思ったら、この本の内容を参考にして、少し歩み寄ろうと考えてみてください。コミュニケーションすることに困っている人とコミュニケーションすることに困っていない人、お互いが歩み寄ることで、解決できることがほとんどです。お互いが理解しようとしなければ、ディスコミュニケーションの状態を改善することはできないのです。

　こんなときには、次のようなことを試みてみることも大切です。一つは相手と一緒に笑うことです。失敗したときにやり直すことができるということを知ることです。一回の失敗が大きくのしかかってくることもあるでしょう。でもトラウマになるような失敗は、そんなにたくさんあるわけではありません。笑うことで、次につながることもあるはずです。うまくいかなかったなと思ったときには、笑うことにしてみましょう。一度試してみましょう。

　また、うまくいかなくて悩んだときには、あなたのことを理解している周囲の人に相談してみましょう。あなたが困ったことを具体的に話して、その解決策を一緒に考えてもらうのです。そして、その解決策を具体的に紙に書いてもらいましょう。書いてもらうことで、頭の中が整理されるからです。

　さらに、エピソードや特徴のところを手がかりにして、自分がどのようにすればうまくいくのかを考えてみるのです。こういうことだったのかと理解できることがあるに違いありません。

　いろいろチャレンジしてみてください。コミュニケーションすることの便利さ、楽しさ、おもしろさに気がつくはずです。

あとがきにかえて

　以前どこかの美術館で、扉はあるのにその扉には取っ手がないという絵を見たことがあります。その絵には、相手を受け入れるためには、自分が扉を開かなければならないという意味が込められていると解説されていたように思います。

　支援や教育に携わる人は、自ら扉を開けて、相手を受け入れなければならないのではないかと思います。そのためには、まず、自閉症スペクトラムなど発達障害のある子どもたちを理解すること、そして、コミュニケーションすることができるように工夫することです。それが周囲にいる大人として、支援者としての出発点ではないでしょうか。その子どものことを理解することが、扉を開けることになるのです。

　そして、相手を受け入れることができれば、コミュニケーションも楽しくなるに違いありません。なぜならば、相手をより理解しようとして、いろいろなアイデアや方法を試みることになるからです。

　もう一度、自閉症スペクトラムなど発達障害のある子どもとのコミュニケーションについて見直したいと思います。コミュニケーションの不成立は、指導者や支援者がその子どもの実態を的確に評価し、そこに必要な支援をすることで解決することが多いのです。指導者、支援者側の発信を、その子どもはどのように受け取ったのか、また、指導者、支援者が子どもたちの発信をどう受け取ったのかの双方を知ることが大切になります。それがわかれば、子どもとのやりとりは楽しくなるはずです。

一筋縄でいくことではありません。しかし、指導者、支援者がスキルを磨けば、きっとわかるようになるはずです。そして、自閉症スペクトラムなど発達障害のある子どもに、コミュニケーションすることの楽しさ、おもしろさ、あるいは便利さを教えることができるようになるはずです。そして、何より、お互いのやりとりを楽しんでいただきたいと思います。そのつき合いは、これからも長く続くのですから。

【文献】
1) DeVito,J.A.（1986）：The Interpersonal Communication Book.4th.ed.New York：Harper & Row,Publishers.
2) 深田博己『インターパーソナル・コミュニケーション』北大路書房、1998年
3) 原岡一馬『人間とコミュニケーション』ナカニシヤ出版、1990年
4) 橋本満弘、石井　敏『コミュニケーション論入門』桐原書店、1993年
5) ウタ・フリス著、冨田真紀、清水康夫、鈴木玲子訳『新訂　自閉症の謎を解き明かす』東京書籍、2009年
6) 坂井　聡『自閉症や知的障害をもつ人とのコミュニケーションのための10のアイデア』エンパワメント研究所、2002年
7) 佐々木正美『自閉症児のためのTEACCHハンドブック』学研マーケティング、2008年
8) 中邑賢龍『AAC入門』こころリソースブック出版会、1998年

自閉症スペクトラムや発達障害がある人との
コミュニケーションを考えるうえで参考になるウェブサイト

■障害者関係 app の広場

障害者に役立つ app の紹介、AAC や ICT 関連のニュース、セミナー・研修会、海外 app などを幅広く伝えてくれる Facebook のサイト。
http://www.facebook.com/dappinfo

■サンフェイスのページ

なかなかおもしろい取り組みをしている NPO 法人のサイトです。「わかるように伝えていますか」は、筆者が連載中。
http://www.sunface.or.jp/index2.php

■ kinta のブログ

アシスティブ・テクノロジー（支援技術）や AAC（拡大・代替コミュニケーション）について研究している金森克浩さんのブログ。
http://kinta.cocolog-nifty.com/

■独立行政法人日本学生支援機構　障害学生支援

大学等における障害学生就学支援に関する情報を提供しているサイト。最新の大学における支援情報なども情報提供されている。
http://www.jasso.go.jp/tokubetsu_shien/index.html

■ e-AT 利用促進協会

障害のある人や高齢者の自立した生活を助ける電子情報支援技術（e-AT）と、コミュニケーション支援技術（AAC）の普及を目的として設立された NPO 法人。誰もが電子情報技術を活用して、より豊かで自立した生活が営めるような社会づくりを目指している。
http://www.e-at.org/app-def/S-101/service/index.php

坂井　聡（さかい　さとし）
香川大学教育学部　教授

特別支援学校での指導経験もある、現場をよく知る研究者。今も、就学前から就労後にいたるまでの支援と指導について、現場での実践研究を行っている。趣味はドライブとサッカー。愛車は、まだまだ現役で高速道路も走っている1971年製のスバルFF-1。
サッカーは、大学時代は全国ベスト8の実績をもつ。今でも時々学生たちと練習をしており、こちらも現役。

イラスト
谷口公彦（たにぐち　きみひこ）
香川県立高松養護学校　教諭

特別支援教育のなかで体験する、具体的でマニアックな情景をマンガにすることが趣味。
その他に、大きな身体を無理やりビートやジムニーに押し込んでドライブすること。
丑年生まれのO型。好きな生き物はマンボウ。
まさしくマンボウのようにゆったり動く特別支援学校教員。

自閉症スペクトラムなど発達障害がある人との
コミュニケーションのための10のコツ

発行日	2013 年 7 月 1 日　初版第 1 刷 (5,000 部)
	2020 年 4 月15 日　初版第 2 刷 (1,000 部)
著　者	坂井　聡
発　行	エンパワメント研究所
	〒 176-0011　東京都練馬区豊玉上 2-24-1　スペース 96 内
	TEL 03-3991-9600　FAX 03-3991-9634
	https://www.space96.com
	e-mail：qwk01077@nifty.com

編集・制作　七七舎	装幀　久保田哲士
イラスト　谷口公彦	印刷　シナノ印刷株式会社

ISBN978-4-907576-04-2

エンパワメント研究所の本

ご購入は ▶ https://www.space96.com

自閉症スペクトラムなど発達障害がある人との
コミュニケーションのための10のコツ

電子版あり

著者：坂井聡
価格：1,500円+税

自閉症支援の最前線
さまざまなアプローチ

著者：武藏博文、渡部匡隆、
　　　坂井聡、服巻繁
編著：井上雅彦、梅永雄二
価格：1,500円+税

自閉症や知的障害をもつ人との
コミュニケーションのための10のアイデア

電子版のみ

著者：坂井聡

知的障害や自閉症のある人の
暮らしを支える

電子版のみ

編者：香川大学教育学部
　　　附属特別支援学校

エンパワメント研究所の本

視覚シンボルで楽々コミュニケーション
障害者の暮らしに役立つシンボル1000【CD-ROM付き】

編：ドロップレット・プロジェクト／価格：1,500円+税

ドロップレット・プロジェクトが開発した視覚シンボル「ドロップス」は、親しみやすく分かりやすいデザインと語彙の豊富さから、多くの教育・福祉の現場や家庭で利用されています。
付属のCD-ROMには高解像度のドロップス1000語の全データが収載されています。

目次
- はじめに
- 第1章 ドロップスを使って楽しい視覚支援ツールをつくろう！
  1 絵カードをつくろう／2 校内掲示をつくろう
  3 カレンダーをつくろう／4 手順表をつくろう
- 第2章 ドロップスをさらに便利にするドロップウェア
  1 ドロップボード／2 ドロップカード
  3 フェイスキット／4 その他のドロップウェア
- 第3章 ネットで集める使えるツール・使えるシンボル
  1 画像検索／2 コミュニケーション支援ボード
  3「Let's 視覚支援カード」／4「Caranger」とぼっしゅん教材／5 シンボル比較
- さいごに ポケットにコミュニケーションエイド
  ～iPhoneでドロップスを～

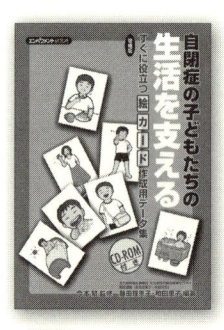

【増補版】自閉症の子どもたちの生活を支える
すぐに役立つ絵カード作成用データ集 CD-ROM付き

編著：藤田理恵子・和田恵子／監修：今本 繁／価格：1,500円+税

視覚的な手がかりで自閉症の子どもたちの自立生活を支援しよう。家庭、学校、施設など、さまざまな場面で自閉症の子どもたちの生活を支えるのに役立つ多数の絵カードのデータをCD-ROMで提供する。家庭、集団、医療など日常の生活場面で必要となる、「着替え」「あそびのルール」「注射」などの動作や手順が一目でわかる絵カード約500点をCD-ROMに収録。

目次
- 絵カードの内容と有効性
  1. 本書の内容／2. 自閉症児への視覚支援の有効性（自閉症の特性／対応法／評価／指導の方法）
- 絵カード作成用CD-ROMから絵カードを作成する方法
  必要な道具や材料／できればあればよいもの／印刷
- 各絵カードの説明
  1. 生活（1日の生活／着脱／清潔／トイレ／お風呂）
  2. 母子通園での集団生活
  （母子分離／食事／プール／ルール）
  3. 医療（小児科／歯科／眼科／耳鼻科／検査）
- 総合通園におけるさまざまな視覚的配慮
  1. 活動場所の理解を促す
  2. 活動場所ごとの機能の理解を促す
  3. すべき活動を見える形で伝える
  4. 終わりの概念
  5. 着席することに慣れる